La légende dorée

La légende dorée, doit être intimement liée à l'éducation d'Angélique. Elle emplit donc le chapitre. Pour l'ordre je prendrai :

1° Les saints et les saintes, naissance, vie, histoire, ~~[illegible]~~ abstinence, ensemble,

2° Les diables, pour les leur opposer et établir la lutte du bien et du mal (de l'hérédité chez Angélique et du milieu)

3° Les supplices des martyrs et les miracles qui en proviennent.

(5° — Les bêtes, pour l'amusement

(4° les [illegible], pour faire rire Angélique enfant.

Je crois que je garderai les vierges

pour Angélique quelconque, au moment où elle devient jeune fille. Dans le même chapitre, mais plus loin.

<u>La Charité</u>, irait bien là aussi.

Quant aux Miracles je crois qu'il serait bon de les reporter au chapitre IV, au moment où le milieu agit où Angélique attend le prince charmant.

Enfin, il y a les légendes particulières que je choisirai aussi.

Dans l'éducation de l'Angélique, <u>Sainte Agnès</u> sera la chasteté, contre la passion, contre son appétit sensuel de Rougon Macquart (9 5) La vie est un rêve.

<u>Sainte Elisabeth</u> sera l'humi

lité, contre son orgueil.

Sainte Catherine, sera la savante, la minerve chrétienne. Sage, intelligente, disputeuse.

J'aurai en outre la Légende de Saint-Georges pour les vitraux. A arranger, car Félicien n'est pas un guerrier;

Et deux saints comme romans intéressants, où elle revient souvent. La légende des sept dormants et la légende de saint Clément, une manière de roman sentimental et attendrissant, toute une famille séparée et réunie à la fin, à travers les miracles les plus stupéfiants. St Pierre y est mêlé!

Ce qui est plus grave, c'est d'arranger Angélique avec la légende dorée.
Elle tient à la vie, veut se marier. Il
faut le dire et faire gai. Le livre n'a
pas d'action sur elle à ce point de vue.
Ce sont des histoires d'un autre temps.
~~Mais l'idée d'un ange qui la prendrait~~
On ne torture plus, la religion est tri-
omphante. Dieu ne demande plus de
tels sacrifices. Elle admire, mais sans en
être. Seulement l'idée d'un ange
IV qui la prendrait pour femme, la
caresse. Et de là l'attente du prince
inconnu. La légende sert surtout à
meubler pour elle l'invisible. La
vie est un rêve. Et à la fin,
quand elle est malade faire revenir
l'idée de virginité. Toutes les saintes
vierges reparaissent. Elle aussi mourra

vierge avec un baiser. Arranger. Elle peut ne guérir ~~ou~~ en apparence que pour mourir, quand elle sera unie à l'époux du rêve. La vie n'est qu'un rêve et tout disparaît dès qu'elle entre dans la réalité. Avec cela, ça s'arrange bien. L'idée au fond que le monde devrait mourir, en ne procréant plus.

Des saints et des saintes pourraient revenir sans cesse dans le récit. Sainte Agnès et Sainte Elisabeth, lorsqu'elle lira sait que H est Félicien, qu'elle l'aime, et qu'il revient ne la détourne de lui. Voir à expliquer des histoires

Hubert pourrait ~~être~~ croire à la grâce absolue. On est entre les mains de Dieu, qui seul peut vous sauver. Et ainsi il ~~[illegible]~~ nie le libre arbitre, il affirme la toute puissance du péché originel, des ~~[illegible]~~ l'hérédité, que le milieu seul modifie.

Saint Georges ne va pas bien pour l'écrivain, puisque celui-ci n'est pas militaire. Elle rêverait un militaire et ne serait un ~~[illegible]~~ artiste qui viendrait. Elle le lui disait en riant. Un petit accompli, cela n'irait pas mal.

Les saints et les saintes

Dieu débonnaire

~~Tous les saints et les saintes sont beaux, forts, glorieux. Ils naissent prédestinés, leur venue est des songes, des voix les annoncent. Leur histoire est pareille pour tous. Ils naissent pour le Christ, croient en lui, refusent de sacrifier aux idoles, sont torturés et meurent en gloire. Toute la partie historique de la pri[illegible] [illegible] des vierges, des [illegible] seigneurs et dames [illegible] quand même [illegible] [illegible] Dieu [illegible] [illegible]~~

Les historiens de [illegible] 9

[illegible] dans les temples [illegible]

[illegible]

[illegible]

Christophe et [illegible]

[illegible]

[illegible] de foudre les [illegible] la terre tremble

et les [illegible] par milliers, tout après

une [illegible] soit après les [illegible]

mort [illegible]. Ils lisent dans la [illegible]

tout haut [illegible]

ont le don de [illegible], et les [illegible]

[illegible] toujours. La [illegible]

l'autorité [illegible]. Vente de biens, amour

de la [illegible]. On quitte père [illegible],

quitte l'époux, la famille [illegible].

André, [illegible]

à 20 mille personnes [illegible]. On voit

[illegible]

[illegible]

[illegible]

[illegible]

mère la [illegible]. Les jeunes, les [illegible]
ditions qui se rattachent à la naissance. Saint Hilaire prie Dieu d'appeler sa fille pour qu'elle ne
vive pas [illegible]. Sainte
Paule [illegible] par de bains,
par de [illegible], par d'huile dans la nourriture
par le vin. Cinq mille hommes convertis
d'un coup (Saint [illegible]). Ils soulevèrent
la [illegible] et les [illegible]. Mortification [illegible] au vin, [illegible], au froment.
Pain d'orge, de la cendre sur ses aliments
(Saint Germain) Une étoile [illegible] Saint
(de Saint Dominique) D[illegible]
[illegible] (S Dominique.)
Des dragons [illegible] Saint [illegible] sa
[illegible]
[illegible]
[illegible]
[illegible]
[illegible] Des fêtes
d'apôtres, [illegible], perdues, retrouvées

~~Les jardins de Saint-Augustin, avoir ... [illegible]~~
~~[illegible] ... [illegible] ... [illegible]~~
~~[illegible] des ... [illegible]~~
~~[illegible] par les saints.~~ ~~Des gribouillards dans~~
~~(les ... [illegible] ... des livres~~. Des petits écrits
sur du papier et qui s'effacent ; Angélique
Arnauld. ~~Mortification qui ... l'estomac~~
~~[illegible] ... dont on doit presque mourir~~
~~[illegible]~~ ~~Des histoires, des aventures mer-~~
~~veilleuses comme des romans. La plus~~
~~[illegible] ... Agathon trois ans~~
~~[illegible] ... [illegible]~~
Des visions les yeux ouverts, trois jours.
~~Dans les ... [illegible] ... s'enquérant~~
~~toujours par écrit ... [illegible]~~
~~[illegible] ou les pierres ... [illegible]~~
~~[illegible] ... [illegible]~~
~~[illegible] ... [illegible]~~
~~[illegible] ...~~ Les saintes ont écrit
après leur mort. — ~~Rosi ... [illegible]~~
~~[illegible] — Quand les ... [illegible]~~

~~elle de se ... vertigent pas, ils s'en-~~
~~vient épouvantés. Quarante mille hom-~~
~~mes baptisés à la fois.~~ — Saint Jean « Les palais
célestes, qui sont faits de pierres précieuses et
resplendissants d'une merveilleuse clarté éternelle; les peines de l'enfer qui sont vers
ténèbres, visions de diables, tourments, confusion de péchés et pleurs ». — ~~Un temple de~~
~~Diane qui croule, ensuite, guérison~~
Des songes toujours. Des guérisons d'empereur — ~~La famille détruite. — Le goût de~~
~~la mort. Sainte Paule, veuve, abandonne ses~~
~~petits enfants.~~ — Le peintre qui ne peut peindre Jésus, tant il resplendit.

13

III IV

Le diable

Le diable, pour Angélique, c'est le mal, l'hérédité, son mauvais instinct, et la grâce qui est le milieu, le combat. Tout le travail qu'elle fait, sur le diable. Mais comme elle est toujours découverte et battue, elle en sort [illegible] sujet de la victoire.

~~[illegible] tout [illegible] Le signe du [illegible] est [illegible] partout pour le [illegible].~~ Le bien quand même, le mal terrassé. Une sérénité s'en dégage, une confiance absolue dans la justice, un dédain du mal, puisqu'il est impuissant, une certitude du bonheur puisque la vertu est souveraine.

L'idée du miracle pour Angélique à travers cela. Elle n'a qu'à se vaincre elle-même, et sa vie sera une victoire.

~~Le diable [illegible] toujours battu et terrassant [illegible] on [illegible] après et [illegible] [illegible] Le [illegible]~~

~~[illegible] autre [illegible] et diable [illegible] d'intelligence [illegible]. Le diable sous toutes sortes de démons~~

[illegible] belle femme, jeune et vieille femme
Saint Macaire dispute avec des diables dans un
lieu plein de squelettes, une femme possédée par
six mille cent soixante-six diables (93). Bataille
de saint Basile et des diables. Sainte Marguerite
a mis le pied sur la tête du diable. —
Les Magiciens. Portrait du diable : une jeune
de [illegible]. Voir la turpitude de son
[illegible] (110). Les paroles, le diable sait
tout [illegible]. Des combats fameux
les [illegible] démons et les anges, il
[illegible] les anges d'avec
[illegible] Bataille de saint Michel Archange contre les diables (154). Au
10[illegible] les diables dans l'air, entre le ciel
et la terre (155). Ils ont rempli tout
l'air comme des mouches. Autant de diables
que l'on voit d'atomes : c'est la matière qui est le diable.
Le Magicien. Dispersion de Simon et
de saint Pierre. Combat de miracles

7/ 14

<u>Des histoires de pactes avec Satan (Saint B</u>

Souvent les démons sous la forme de chiens

Les supplices et les miracles

~~La souffrance ne compte pas. Les saints sont [illegible] [illegible] [illegible] de la mort [illegible] [illegible] la mort [illegible]~~. Cette vie n'existe pas, n'est qu'un rêve. ~~Ils traversent les [illegible] [illegible] [illegible] [illegible] miracles [illegible] [illegible] [illegible] [illegible] sur [illegible] peut [illegible] avec [illegible] la tête tranchée. [illegible] par la mort des bourreaux [illegible] Le bien [illegible] [illegible] victoire~~

~~[illegible] boit du [illegible] et n'en souffre pas [illegible] [illegible] [illegible] le miel exposé aux abeilles [illegible] [illegible] [illegible] [illegible] [illegible] libre~~

Lapide ~~[illegible]. [illegible] [illegible] [illegible] [illegible] qui [illegible]~~. Des lances enfoncées dans

le côté. Saint Sébastien, percé de flèches comme
un hérisson. Battu jusqu'à la mort et jeté
dans un [illegible] apparaît à Ste Lucie et dit
où est son corps, pour être enterré. Saint Vincent
sur un chevalet, [illegible] les ongles de
fer enfoncés dans les côtes, les entrailles passent
[illegible] Les membres lardés [illegible]
[illegible] Le sang arrose le feu. Les tourments
changés en [illegible] de plus grande clarté, des
anges viennent le consoler. Des chants. [illegible]
fleurs (I 100) [illegible]
[illegible]
[illegible]
[illegible] Sans manger et sans boire. [illegible]
[illegible]
[illegible]
[illegible]
[illegible]
[illegible] vierges [illegible]
par les [illegible]
[illegible]

car, il s'était. Toujours apparition en

jeune dans les cachots de quatre [illegible] du

[illegible] Marie. Les tourmenteurs

[illegible] toujours [illegible] chaîne [illegible]

[illegible] jours [illegible] [illegible], [illegible]

de [illegible] — [illegible] [illegible]

vant. Des vieillards [illegible] des torches

[illegible] sur la [illegible] du [illegible] vêtus

de [illegible] qui [illegible] Il buvait au

sang [illegible] [illegible] si [illegible] été [illegible]

fraîche. Du [illegible] et [illegible] et [illegible]

et mains [illegible] [illegible]. Mais les

[illegible] frappait de [illegible] — [illegible]

la voix [illegible] dans [illegible], [illegible]

la [illegible] [illegible] [illegible] [illegible]

a [illegible] le sang [illegible] (14)

Trouvés avec St Vincent.

Sant [illegible] [illegible] par un frère

[illegible] jette [illegible] [illegible] du [illegible] an

[illegible] [illegible] roue du [illegible]

La [illegible] et [illegible] 1560 [illegible]

~~On la jette à la mer avec une pierre. Tenir~~
~~la soutient. On la roidit dans un [illegible]~~
~~d'[illegible], les bourreaux meurent. Cinq jours~~
~~en chantant dans un four chaud. Six~~
~~[illegible] la caresse. Défilé à la mort, à [illegible]~~

(171) — Un siège ardent, qui fond comme cire. ~~[illegible]~~
~~[illegible]~~ Un chrétien à la mer, tempête. ~~[illegible]~~
~~[illegible] aux bourreaux [illegible]~~
~~[illegible]~~
~~[illegible]~~

~~[illegible]~~ (225) — Attaché à un cheval indompté et traîné par les ronces et les pierres. ~~[illegible]~~
~~Les [illegible] [illegible] couronne de [illegible]~~
~~Les [illegible] à droite et à gauche. Les dix mille [illegible]~~
~~[illegible] les onze mille vierges [illegible]~~
~~[illegible]~~

~~[illegible] dans un [illegible] de plomb et jeté~~
~~à la mer. Battu de verges de bois~~
~~entrailles [illegible]~~
~~[illegible] ? Les [illegible]~~
~~Les femmes [illegible] par les cheveux [illegible]~~
~~[illegible] dans une fosse [illegible]~~
~~[illegible] arracher [illegible] les~~
~~[illegible]~~
~~[illegible] brûlé [illegible]~~
~~[illegible] Pour [illegible] tout~~
~~[illegible] Une colombe~~
~~plus blanche [illegible]~~
~~[illegible]~~
~~dans un bain d'eau [illegible] Il~~
~~comme dans un endroit très frais.~~
~~Les [illegible]~~
~~et [illegible]~~

Les bêtes

Animaux fabuleux, moitié homme, moitié bête. Un lion qui creuse la fosse de St Marie Egyptienne. Deux autres. Un corbeau qui apporte à manger aux ermites. Les petits oiseaux mangeant à la table de St Benoît. Au baptême de Clovis, la colombe qui apporte l'ampoule pleine de chrême. Saint Blaise bénit les oiseaux, les guérit. Un loup [illegible] qui rapporte le pourceau volé. Des lions qui [illegible] et lèchent les [illegible]. Un aigle qui apporte de quoi manger. Saint Bernard excommunie des mouches qui tombent mortes. La pluie qui ne tombe [illegible]. Un lion qui [illegible] la peau d'une mauvaise bête [illegible]. Saint Jérôme et le lion [illegible] qui se fait soigner et qui reste. On lui donne à garder un âne qu'il laisse voler, puis qu'il ramène (159). François [illegible] de la simplicité [illegible] colombe prêchait les bêtes. La cigale qui vient se poser sur sa main et qui s'en va [illegible] chanter (170). Les animaux [illegible] l'étrangleront quand il [illegible] qui se [illegible] sa volonté.

Comique

~~Les trois servantes de Ste Anastasie. Le gouverneur qui croit avoir affaire à elles et qui embrasse les chaudrons.~~

~~Saint Christophe, un bon géant, le prendre~~

~~Sainte Julienne, dans sa prison, démasque un diable et le bat (I. II)~~

La Charité –

Sainte Luce vend tout pour donner aux pauvres – ~~saint Julien l'Aumônier appelle les pauvres ses seigneurs~~. Un riche qui se déshabille pour donner (110) ~~saint Gervais et saint Protais lavent les pieds des pauvres. saint Martin partageant son manteau avec un pauvre. saint François appelle la pauvreté sa maîtresse~~. Sainte Pélagie, prostituée, abandonne ses biens aux pauvres.

Vierges

25 traîner

Luce, que 100 h. et 4 pr. de bœufs, ne purent

Agathe, les mamelles tiraillées et arrachées

Christine, chair au visage de son père

Cécile, aimée d'un ange. Maxence

Catherine sage et savante, refusa l'empereur

Geneviève qui sauva Paris

Anastasie, son prét. maladie, ne coucha pas avec son mari (I. 43)

Justine, tentée par le démon et victorieuse toujours (II.140)

Dorothée, nourrie en prison par les anges (II 2..)

Barbe, qui vécut dans une tour (II 296)

Claire, qui se voua à la pauvreté (II 321)

Les vierges, la virginité

~~(Parce qu'il fait [illegible] 17 Franç~~
~~[illegible] plus grand [illegible]~~
~~[illegible] grande [illegible]~~
~~L'état de virginité par excellence.) Du [illegible]~~
~~[illegible] contre la chair, l'aiguillon [illegible]~~
~~[illegible] toujours. C'est là où la [illegible]~~
~~[illegible] bien rendue pesante par le [illegible]~~
~~[illegible] [illegible] et [illegible] de [illegible]~~
~~[illegible] et la combattre à [illegible]~~
~~La Virginité est sœur des anges, possession de~~
~~tout bien, triomphe sur luxure, seigneurie~~
~~de foi.) [illegible] qui [illegible]~~
~~les saintes [illegible] autres [illegible]~~
~~Le jeune [illegible], [illegible], tout [illegible] une~~
~~fille, et qui lui [illegible] sa [illegible] coupée [illegible]~~
~~– Deux sœurs qui [illegible] l'une à l'autre~~
~~pour cause de [illegible] [illegible]~~
~~prie Dieu d'appeler sa fille à lui [illegible] qu'elle~~
~~[illegible] La mère [illegible] lui demande de~~
~~la faire appeler aussi, et elle part avant lui.~~

Le goût de la mort. — L'enfant noir, l'esprit de fornication qui est apparu à St Antoine. ~~Toute la terre [illegible] de pièges~~ Belles paroles imagées de Sainte Agathe (136). — ~~Saint Alexis, [illegible], son père trois mille esclaves, — marié, il laisse sa femme dans la chasteté et s'en va (157)~~. Le diable, sous la forme d'une belle femme, tente un saint, est chassé, se sauve, et ne laisse qu'un corps hideux et infect. ~~Saint Zosime [illegible] défendant sa chasteté : Au voleur ! au voleur !~~ ~~La femme qui baise la main [illegible] main et lui donne la communion. Tentée, se coupe la main, puis se cache, guérit, et la Vierge lui rapporte sa main. Les saints éloignent les femmes du lit de leurs maris~~. La femme qui se voue à la chasteté et à qui il pousse de la barbe à cause de « sa disposition corporelle très enflammée ». — ~~Sainte Cécile, mariée, dit à son époux qu'un ange de Dieu l'aime et veille sur son corps. Le mari~~

~~[illegible] l'orgie, mais par une bonne [illegible]~~ 76
~~faut qu'il se connaisse pour le voir. Rufin~~
~~a trouvé un paon conversant avec l'ange~~
~~qui a deux cornes de [illegible] et de [illegible]~~
~~[illegible] oreille [illegible] sentir [illegible] pour la [illegible]~~
~~son frère [illegible], [illegible] (II. 18)~~ —
~~Des solitaires qui se jettent au milieu des~~
~~ronces et des épines pour mater leur chair~~
~~L'état de virginité assimilé [illegible]~~
~~à l'ange.~~ Femme mariée, sous la dépendance d'un mari, reçoit des coups de poing, accouche avec péril et douleur. Saint Jérôme décide ainsi. Flavie a fait vœu de virginité. — ~~Les vierges [illegible] par des jeunes gens et les consolant~~ —
~~Le diable toujours vaincu par les vierges dont le signe de croix suffit. — Sainte Justine [illegible] le diable pour qu'elle se joigne avec Cyprien. Elle triomphe [illegible] et tous deux sont [illegible]~~
~~Rien [illegible]~~ —

Combien souffrait-il contre la luxure ?
battait-il flagellait-il contre la chair
Il se flagellait tous jours au rien, les
hommes, les femmes, tenté, il va se
jeter dans la neige (c'était ce qu'il y avait
de mieux pour être tenté davantage,
comme les flagellants d'ailleurs) —
La luxure de la femme, la fille aux
[illegible] saint qui développe sa [illegible] pour
toucher [illegible] (?)
aller au désert, où il n'y a pas de femme. Les solitaires ne voulaient pas qu'il en
paraisse sur devant eux — La Vierge
Marie se donnant pour épouse à un
[illegible] qui a une fian-
cée ne suis pas plus belle qu'elle ? Si tu
[illegible] renoncé à l'épouse que tu
as un moment de prendre dans ce monde
tu m'auras pour épouse dans le royaume
céleste (313)

~~Une histoire de femme, déguisée en moine, vivant saintement dans un monastère, de vierge accusée d'avoir engrossé une vierge, se laissant accuser, puis triomphant à la fin. Elle a été attribuée à Ste Marina, Ste Théodora, Ste Marguerite, Ste Eugénie. Cette dernière comparait à la fin devant son père, gouverneur, qui ne la reconnaît pas, et triomphe, en déchirant son vêtement.~~

Les prostituées devenues saintes : Marie Madeleine, Marie l'Égyptienne, Pélagie, Thaïs : c'est elle dernière qui après avoir brûlé ses richesses, a vécu trois ans dans une cellule où elle faisait tout.

~~Les chairs de femmes vierges, déchirées par les peignes, très blanches, laissant couler du lait au lieu de sang ; [illegible] [illegible] aux gargouilles [illegible].~~

Miracles

A l'état aigu, continu. Ils sont d'une familiarité étrange, se produisent à tout propos, viennent incessamment. Il deviennent la règle commune, le train ordinaire de la vie. Les lois de la nature n'existent plus, tout se passe dans la féerie. On vit de plain pied avec Jésus Christ et la Vierge, on leur écrit et ils vous répondent, ils vous apparaissent, ils causent familièrement avec vous. Toutes les vierges épousent Jésus; un noble de Hongrie rompt avec sa fiancée parce que la Vierge Marie promet de le prendre pour époux dans le ciel. Continuellement des voix qui parlent [illegible] aux anges et aux saints. Ils sont les ordinaires compagnons des personnages, vont viennent, apparaissent aimablement, protègent, se montrent de toutes parts du haut du ciel, [illegible] les suppliciés, apportent des guérisons, font des conversions, passent à travers les murs, délivrent les prisonniers, vous emportent au ciel, sont les époux spirituels des vierges et [illegible] et les [illegible] le monde de l'au-delà, l'invisible rendu visible (voir les démons) — De sorte qu'on arrive à la balan[ce]

du bien contre le mal, avec la continuelle vic-
[to]ire du bien, la certitude qu'il doit l'emporter.
– La série des miracles : Un ange qui conduit St (tome I)
[Hi]laire. Un incendie éteint avec un vase d'eau. Des
[cro]ix qui parle – ~~[illegible]~~
~~[illegible]~~ ~~[illegible] au la tête [illegible]~~
~~[illegible] Miracles [illegible]~~
~~[illegible]~~
~~[illegible]~~
~~[illegible]~~
~~[illegible]~~
~~[illegible]~~
~~prison de [illegible]~~
~~[illegible] avec Dieu [illegible] qui sort [illegible]~~
~~[illegible] Jésus~~
~~[illegible] fil,~~
~~[illegible] signe [illegible] croix~~
~~[illegible]~~
~~[illegible]~~. Une langue de feu qui parle
dans une bouche ~~[illegible]~~
~~[illegible]~~. L'eau qui devient ferme comme un
roc. Les murs qui s'ouvrent. On descend des tours.
~~[illegible]~~

~~[illegible] le [illegible]~~ Plus

~~[illegible] qui [illegible] au [illegible] de la [illegible]~~

~~[illegible] de batiers [illegible]~~

~~[illegible]~~ Des petits miracles de St Dominique (210). Voix venant du ciel. ~~[illegible] d'[illegible]. Des [illegible] qui [illegible] pour les [illegible]. Des [illegible] La [illegible] et [illegible].~~ Des

vêtements qui ne s'usent pas. Les cercueils des martyrs jetés à la mer; celui de Barthélemy prend la XX. et ils abordent tous à Lipari. ~~[illegible]~~

Des délivrances miraculeuses à chaque instant. Des anges qui ne peuvent avancer. ~~[illegible]~~

~~[illegible] (78) [illegible]~~

~~[illegible] (318) [illegible]~~

~~[illegible] (320) [illegible]~~

~~[illegible]~~ Des petits écrits sur des papiers et qui s'effacent. Une ville défendue par des

anges. ~~Si [illegible] ouvert, ne [illegible]~~
~~Les saints [illegible] sur la [illegible]~~
~~qu'on [illegible] tout [illegible] sur le~~
~~Les [illegible] à [illegible] dans [illegible]~~
~~[illegible]~~
~~il [illegible] des anges~~ Les crucifix. Le bois de la vraie croix guérissant. Un ange, sous la forme d'un enfant de cinq ans, portant une torche allumée, délivrant et passant partout. ~~[illegible] en [illegible]~~
~~[illegible] céleste. Les [illegible]~~
~~qui se [illegible] à [illegible]. Le [illegible]~~
~~[illegible] sur les tombeaux et [illegible]~~

La légende dorée
par Jacques de Voragine
traduite du latin par M. G. Brunet

Tome I (1843)

La plus goûtée au moyen âge, l'expression la plus naïve et la plus sincère des croyances de cette époque. En 43, depuis trois siècles, elle n'avait pas reparu en langue vulgaire. La foi de l'homme qui croit ce qu'il raconte et la foi des auditeurs qui croient ce qu'ils entendent. Grande crédulité. — Partout, on lisait la "Légende dorée". — Miracles multipliés, martyrs si intrépides au milieu des supplices. Et le diable, dont le moyen âge était si préoccupé, qu'il haïssait de si bonne foi, auquel il livrait une guerre si acharnée et si infructueuse. Satan, malgré sa puissance, était toujours bafoué, découvert, souvent battu, aux grands éclats de rire des croyants. Le diable très important pour Angélique. Il est pour elle le mal, le mauvais instinct, son hérédité, et la grâce qui est le milieu, le combat. Donc elle met sur le diable tout le mal qu'elle sent. Mais comme il est toujours démonté et battu, elle en sent, elle se croit sûre de la victoire.

Les récits pour la charité à l'égard des pauvres, la résignation, la pureté des mœurs.

Jacques de Voragine né en 1230. Il a écrit la légende dorée vers 1260, au milieu du treizième siècle.

L'André

L'ange du Seigneur qui conduit St André. Un incendie éteint avec un vase d'eau. Des voix qui parlent, qui annoncent que Dieu a pardonné. Les miracles de St André, un tremblement de terre, etc. Des démons partout, mais qui obéissent aux saints. Ressuscite un mort. Quarante à la fois, noyés dans un naufrage suscité par le démon. — Les conversions, des églises fondées. André, 2 jours sur la croix, et il y prêche à vingt mille hommes réunis. Le démon qui se change en femme pour tenter un évêque. Il est bafoué, après avoir posé des questions (23)

Nicolas

Charité de St Nicolas qui jette de l'or chez un voisin, pour qu'il marie ses filles (26) Nommé évêque parce qu'il entre le premier dans l'église : une voix l'ordonne (26) — Des apparitions qui se produisent au moindre appel. Assistance en mer, souvent. Le diable sous toutes sortes de déguisements, belle femme, pieuse et vieille femme. — De l'huile qui s'allume, pour brûler la maison de Nicolas, et qui ~~les~~ allume la mer où on la jette. Des anges à la mort de Nicolas en 343. ~~Une~~ Enterré, des fontaines d'huile sainte ~~et~~ coulent, de sa tête et des ses pieds. Elle guérit des maux. Les miracles faits par les os des saints, résurrection, menteurs confondus, voleurs qui rendent le butin. Un enfant délivré par St Nicolas (32

Sainte-Luce. — Des songes qui annoncent des guérisons. Elle vend tout pour donner aux pauvres (34) Pascasius [l'abandonnant cette femme à tout le peuple] brave. La fait conduire à une maison publique. Le Saint Esprit ~~[illegible]~~ la rend si pesante qu'on ne peut la faire avancer. On fait venir mille hommes qui ne peuvent la mouvoir (35) Puis cinq paires de bœufs. Des magiciens. Une épée dans la gorge et elle parle encore. Enfin elle consent à mourir

Saint-Thomas. — Jésus Christ mêlé à nous, parlant, agissant. Des lions et des chiens qui mangent un bouteillier qui l'a offusé. « Virginité est soeur des anges, possession de tout bien, triomphe sur luxure, seigneurie de foi ». Des rois qui s'agenouillent et demandent pardon au saint. Tous les faibles et les malades mis à part, et guéris ainsi par un coup de foudre. N. S. est venu comme la foudre. On baptise des quarante mille hommes à la fois. Les saints passent à travers les murs, les prisons s'ouvrent. Des statues d'idoles qui se brisent comme verre.

<u>Sainte Anastasie</u>. — Ses trois servantes Agapite, Chionie et Irène. Le gouverneur qui vient dans la cuisine et qui accole et baise les pots, poêles et chaudrons, en croyant avoir affaire à elles. Il en sort tout noir, ses serviteurs le battent (44). Quand on veut ensuite mettre les servantes nues, leurs vêtements se collent à leur corps. Le gouverneur s'endort par miracle et ronfle (<u>Note comique</u>.) Sainte Anastasie, le gouverneur qui veut l'embrasser devient aveugle. Elle est nourrie en prison de viandes célestes

<u>Saint-Étienne</u> des prédications. Un visage, à un moment, resplendissant comme celui d'un ange. Familiarité avec Dieu. On le lapide. Miracle après la mort

Saint-Jean. « Les palais célestes, qui sont faits de pierres précieuses et resplendissants d'une merveilleuse clarté éternelle ; les peines de l'enfer qui sont vers, ténèbres, feu, visions de diables, tourments, confusion des péchés et pleurs, ¶. Un temple de Diane qui croule, émeute du peuple, guerre civile. St Jean boit du poison fait le signe de la croix et il ne souffre pas. Les miracles qui convainquent des payens et les font se faire baptiser. Des voleurs convertis. Grande lumière qui l'environne. De la manne qui sort de son tombeau.

Les Innocents. Un arbre qui s'incline et qui adore Jésus.

Saint Silvestre. Prédication puis martyre. Prédiction de mort à un gouverneur, qui s'étrangle avec une arête. Il avait l'aspect d'un ange, la parole éloquente. Il jeûnait. Constantin l'empereur qui persécute en meurt : toujours le triomphe aux saints, même, surtout dans la mort. Saint-Silvestre caché dans les montagnes, appelé et guérissant Constantin (66). Des songes toujours. Des apôtres apparaissent, disent d'aller chercher les saints. Constantin se convertit. Le nom du Tout-Puissant dit à l'oreille d'un taureau furieux que ombe foudroyé (le nom du démon). Silvestre le ressuscite au nom de Jésus. Un dragon. Silvestre lui attache la gueule avec un fil, et la scelle d'un anneau qui porte le signe de la croix (73)

Saint-Paul ermite. Un jeune homme enduit de miel, exposé aux guêpes. Le jeune homme attaché, tenté par une fille, et lui crachant sa langue coupée. Des animaux fabuleux moitié homme moitié bête. Un corbeau qui apporte double ration, des lions qui creusent une fosse, au désert, robe faite de feuilles de palmier.

Saint-Remy. Les petits oiseaux venaient manger à sa table. Au baptême de Clovis, une colombe qui apporte une ampoule pleine de chrême. Des époux qui renoncent l'un à l'autre pour cause de dévotion. Le fils de Gravebault, Larron, et sa fille Renarde (77)

Saint-Hilaire, qui prie Dieu pour qu'il rappelle sa fille Apia pour qu'elle ne se marie pas. Elle meurt. La mère lui demande de la faire rappeler aussi, et elle part avant lui. Le goutte de la mort. Le pape Léon qui meurt aux [illegible] en répandant ses entrailles (79). St Hilaire s'assoit par terre, et la terre se hausse, pour le mettre au rang des autres évêques.

Saint Macaire. Va dormir dans un sépulcre plein de corps de païens. La conversation avec le diable (80) Le diable court sur lui avec une faux, ne peut rien. La vertu l'humilité. Une tête morte qui parle.

Saint Félix tué à coups de poinçon. Une veuve pourvoit à ses besoins.

Saint Antoine. L'enfant noir, l'esprit de fornication qui lui apparaît. Toute la terre remplie de pièges: celui qui résiste, l'homme humble de cœur. Des anges l'emportent en l'air.

Saint-Sébastien – Le martyre, encourage contre la mère, le père, la femme et les enfants (90). Des martyrs ont détruit des idoles. Des martyrs lapidés, d'autres marchant pieds sur des charbons ardents, font un signe de croix.

désirs et les charbons s'éteignent. Des lances enfoncées dans le côté. Percé de flèches, comme un hérisson, saint Sébastien. Battu jusqu'à ce qu'il fût mort et jeté dans un égout. Il apparaît à Sainte Lucie et dit où est son corps, pour être enseveli. – Une femme possédée 166 malins esprits dans le corps de cette femme (parce qu'elle a couché avec son mari) (93) Une peste.

Sainte-Agnès. souffrit la mort à 13 ans. – prendre peut-être, mais délicat. Sur le mariage d'Agnès avec Jésus. Le consul ordonnait la conduire aux lieux de prostitution. Ses cheveux devinrent si épais qu'elle en était vêtue (95). grande lumière quand on veut la souiller. Agnès jetée dans un grand feu, les flammes se séparent, et brûlent les assistants. Elle mourut d'un coup d'épée dans la poitrine. Les parents se réjouissent sa mort est joyeuse, la vie est un rêve.

La terre tremble, des éclairs, de la foudre. Elle apparaît parmi des vierges, vêtues de vêtements dorés, avec un agneau pur. Constance guérie de la lèpre. Le préteur, qui excité, qui tente l'outrage à l'image de Ste Agnès. Elle le prend et il se calme (97). L'image qui tend les doigts et qui prend les prêtres pour époux. Joie du supplice chez elle.

Saint Vincent. Sur un chevalet, membres brisés. On peigne le corps avec des peignes de fer, on les enfonce dans les côtes, au travers desquelles passent les entrailles. Torture du feu, le gril. Ardé, rôti et brûlé. Les membres lardés de menus clous. Le sang arrose le feu. Les tourments changés en suavités de fleurs. Grande clarté. Des anges viennent le consoler. Il se promène en chantant avec les anges, sur des fleurs, l'odeur se répand au dehors (100). Le corps jeté aux bêtes des champs, mais gardé par des anges. Jeté à la mer, il est rejeté sur le rivage.

<u>Saint Basile</u>. — Une langue de feu qui sort dans sa bouche. Il fait parler grec. L'histoire d'un pacte écrit avec Satan. La bataille du saint et du diable. Ainsi bataille <u>Dieu débonnaire</u>. La puissance des saints après leur mort.

<u>Saint Jean l'Aumônier</u>. Il appelle les pauvres ses seigneurs. L'apparition de la miséricorde. Un riche qui se déshabille pour donner. Histoires de charité (110) Il vend son évangile (Sérapion) 114. Les péchés effacés sur le papier. Angélique peut l'essuyer.

<u>Sainte Paule</u>. Noble dame romaine, plus noble encore par ses vertus. <u>Des saints de toutes classes</u> depuis des prostituées et des esclaves. Un ange fut son gardien. 5 enfants. Veuve. Elle abandonne ses enfants, torturée pour Jésus. Humble, pas de bain, pas de lit mou. Pas d'huile dans sa nourriture.

tiré, pas de Dieu

Saint-Julien — celui de Flaubert.

Saint Ignace. Envoya une lettre à la Vierge Marie, qui lui répondit. Frappé-le avec des fouets munis de boules de plomb, frotté son dos avec des pierres. Du sel sur les plaies. Sans manger et sans boire. Aux bêtes. Deux lions le déchirent — Moi qui suis le froment de Jésus Christ, je serai moulu par les dents des bêtes, afin de devenir un pain pur et net.

Saint Blaise. Bénit les oiseaux, les guérit. Le loup qui rapporte le pourceau volé. (Toutes les bêtes participent à la légende) — Plomb fondu, casques ardents. La chair de femmes martyres, déchirées par les peignes de fer, très blanche et d'où il coule du lait au lieu de sang. On le jette au feu, il s'éteint. La tête tranchée. L'eau qui devient ferme comme un roc avec un signe de croix, et sur laquelle on marche.

Sainte Agathe. — Beauté du corps et de l'âme. Le gouverneur veut la séduire, la confie à des pervertis, inutilement. Battue. Belles paroles, images (136) Ses mamelles tordues et coupées. Saint Pierre, en vision, vient la visiter. Toujours apparition et secours dans les cachots. Mamelles rétablies. Grande clarté. On ~~la~~ presse les seins d'Agathe sur ~~de~~ un lit ardent. Tremblement de terre. Les tourmenteurs périssent toujours violemment, char brisé, accident quelconque.

Sainte Pétronille. Grande beauté, toutes [illegible] cassé, enterrée vivant. Des anges couverts de vêtements blancs, qui s'envolent. — Des vieillards martyrs, torches ardentes sur les flancs. Il buvait le plomb fondu comme si c'eût été de l'eau fraîche. Des lions se prosternent et lèchent les mains comme des agneaux. Mains des bourreaux frappées de paralysie. Un aigle qui apporte de quoi manger

Arrosé de poix bouillante. Un enfant de trois ans martyr Saint Quirique (147) L'esprit saint le fait parler comme un homme.

<u>Sainte Marine</u>, en habits d'homme, moine, accusée d'avoir fait un enfant à une fille. Morte, on la reconnaît femme.

<u>Sainte Théodore</u>, aimée d'un homme riche, couche avec. S'habille en homme, se fait moine. Sanctifiée ensuite, fait des miracles. Accusée d'avoir fait un enfant. Le diable sous l'aspect de bêtes féroces et terribles. ~~On~~ Elle meurt, on découvre que c'est une femme.

<u>Sainte Marguerite</u>. — A quinze ans gardant des brebis, aimée du gouverneur Olibrius. Elle met le pied sur la tête du diable (155) Cinq mille hommes convertis d'un coup.

<u>Saint Alexis</u>, très riche, son père trois mille esclaves. Marié, instruit sa femme

sous la charité et s'en va. Donnant aux pauvres. Ses parents le font chercher. St Alexis 17 ans sous le porche, La Vierge parle et le fait entrer. Patience, on lui jette de l'eau de vaisselle à la tête, chez son père où il est rentré inconnu (157)

Légende des 7 frères.

Marie-Magdeleine. Elle arrose les pieds de Jésus de ses larmes et les essuye avec ses cheveux (160) puis parfums très précieux. L'enfant et la femme morte laissés ~~dans~~ sur un rocher. Madeleine, à la Sainte Baume, nourrie de cantiques, ravie au ciel. En mourant, elle laissa derrière elle une odeur suave.

Christine. Très noble, dans une tour, avec 12 servantes et des idoles d'or et d'argent. Elle les brise, son père se fâche, la fait torturer. Elle lui jette sa chair au visage. Sur une roue et du feu dessous. La flamme s'étend et dévore 1500 hommes

On la jette à la mer, avec une pierre, Jésus la soutient et la baptise. ~~On~~ On lui rase la tête et on
la conduit au temple d'~~Ap~~ Apollon. Les bourreaux
meurent les uns après les autres. Elle dans un four chaud
Elle y reste 5 jours en chantant (171) Des serpents
qui la caressent. Suite de supplices extraordinaires,
à prendre

Jacques le Majeur, apôtre. Les magiciens reviennent souvent.

Saint Christophe. – L'enfant (Jésus) ~~[illegible]~~ à qui
il fait passer un fleuve (181) Le bâton planté
qui fleurit comme un palmier. C'est un cananéen
grand et terrible. Deux filles envoyées pour le
séduire, se convertissent, et renversent les idoles
avec leur ceinture. Christophe sur un siège ardent
qui fond comme cire. Le miracle à l'état
aigu, continu. La flèche qui revient et qui
crève l'œil au roi.

Les 7 dormants. Ils s'endorment par la ~~volonté de D~~
volonté de Dieu. Ils se réveillent ~~[illegible]~~ 372 après
~~372 après J~~ à Éphèse (185) Tout ce qui s'ensuit (18
Une colère les embrasse, puis ils meurent.

Dès qu'on jette un chrétien à la mer, tempête. Des guérisons à l'infini, les yeux surtout. Des résurrections. Les enfants à la mamelle font honte aux bourreaux...

Sainte-Marthe descend d'une race royale à Aix. Un dragon, près d'Arles, moitié poisson moitié bœuf, la Tarasque.

Saint Germain. Mortification, ni vin, ni huile, ni froment. Pain d'orge, et la cendre sur ses aliments. Un cilice, sur la terre dure. Des miracles à plaisir, inutiles.

Saint Dominique. Une étoile au front. Portrait du diable, un gros chien laissant voir la turpitude de son derrière (210). Un tas de petits miracles à la file pour ce saint. Une odeur suave sort de son cercueil. —

Du dragon tué, des pucelles délivrées

Saint Laurent. Sacrifie et renonce à la magie. Les voix qui viennent du ciel. Le gril est pour Laurent un « rafraîchissement ». « Ce côté est assez rôti, qu'on me retourne, et mangez-en. » 225

Indigent trouvait des pains, des cailloux brisés, réparés. – Attaché à ~~des~~ un cheval indompté et traîné par les ronces et les pierres. – Le ~~diable~~ diable tente sous la forme d'une femme, et chassé, il ne laisse qu'un corps hideux et infect.

Saint Bernard. Les femmes grosses de saints, des songes, des présages. Défend sa chasteté : au voleur ! Les prédictions qui se réalisent toujours. La contemplation, ne sait pas comment est la pièce où il demeure (il ne voit pas les espèces). Il ne trouvait de goût qu'à l'eau, ne distingue plus les aliments – La pluie qui ne tomba pas sur un frère qui écrit une lettre. Des mouches qui tombent mortes, je les excommunie. Conversation avec le diable, par la voix des possédés. ~~Il donne~~ Une femme possédée d'un démon incube couche avec le bâton de St Bernard, et le démon ne peut rien. – Les plaies arrosées de chaux vive. Les cieux ouverts, Jésus-Christ ~~tout~~ au fond tenant une couronne de pierres précieuses : vision. Des idoles renversées d'un souffle – Quand ils bravaient les tourments, on les accusait de magie. Les flèches suspendues en l'air à droite et à gauche, une qui revient et qui crève l'œil de l'envoyeur.

S'est guéri avec le sang du martyr. Marchent sur l'eau. Sabinien qui porte sa tête 22 pas.

Sabine – Abandonne tout ce que tu possèdes (l'abandon toujours). S'enfuir de chez ses parents.

Les langues de tout le peuple. Des vêtements qui ne s'usent pas. Crucifié, dans les supplices. Des énigmes proposées. (254) Cinq cercueils de martyrs jetés à la mer, celui de Barthélemy prend la tête, et tous abordent à Lipari, près de la Sicile (254)

Saint Louis, de race royale, le vin manquant arrivant. Pendant la messe, une pierre précieuse qui tombe du ciel dans son calice.

Délivrance miraculeuse. Des reliques trouvées dans des vases d'or. Des gens qui ne peuvent avancer. Des mains qui se dessèchent. On cause avec des anges.

L'Assomption de la Vierge – Marie prend la place d'une autre femme, se déguise. Miracles fait par la Sainte-Vierge 878.

Saint Jean-Baptiste – Décollation

Des faiblesses des saints

Saint Gervais et Saint-Protais. Conduits pour sacrifier aux idoles. Les démons s'enfuient à la seule vue des saints. Laver les pieds des pauvres.

Saint Léon. La femme qui lui baise la main, comme il lui donne la communion. Tenté, il se la coupe. La Vierge Marie lui rapporte sa main.

Saint Pierre – Le magicien Simon, faucille qui fauche toute seule, serpents d'airain qui se meuvent, rire des statues de bronze, chanter des chiens. Dispute avec Pierre. Important (296) Des chiens servent des démons. Les saints éloignent les femmes du lit de leurs maris. – La grenouille de Néron (301). La femme qui se voue à la chasteté et à qui il pousse de la barbe, à cause de « sa disposition corporelle très enflammée ».

Du lait et une blessure. Les miracles déterminent des conversions en masse. Des têtes d'apôtre (Paul) ramassée, perdue, retrouvée, faisant des miracles (309)

Saint Augustin. Des péchés dont il s'accuse, avoir pris du plaisir à regarder courir un chien, une araignée prendre des mouches, etc. Petits miracles de Saint-Augustin (318)

Un homme qui garde la porte d'un mauvais lieu où l'on a conduit une vierge.

Les Onze mille vierges (le martyre des). A Cologne les Huns les massacrent. Ursule tuée aussi

Le peintre qui ne peut peindre Jésus, tant ~~que~~ il resplendit. Lettre échangée avec Jésus (328). Les magiciens font venir une foule de serpents. Les corps trouvés, avertissement par des anges, des apôtres ou le martyr lui-même.

St Eustache, légende, comment il perd sa femme, ses deux enfants. Tous se retrouvant 338.

Enfermé dans des cercueils de plomb et jeté à la mer.

Saint Martin. Le manteau partagé (344). Les choses obéissaient à Martin. Un incendie qui s'éteint, un arbre qui tombe sur ses ennemis, les animaux lui étaient soumis : chien qui lâche un lièvre, serpent qui s'en va (347). Des saintes mortes le visitaient. Les apparitions de démons (350)

fille du roi de Hongrie — 2

Sainte Elisabeth, mariée, ne fut sujette à aucune volupté coupable. Ses œuvres de charité (357) Son pieux dans le mariage, exemple de toutes les vertus. En Thuringe. Avec des pourceaux, tombée à une grande pauvreté. Elle lave les écuelles à la misère, et habillée de haillons, exemple d'humilité pour Angélique, elle qui rêve d'être reine. Elle a vu le ciel ouvert et Jésus-Christ. Donne tout aux pauvres. ~~Et~~ Elle soigne à l'hopital, dans l'ordure, la lèpre. Elle fait couper les cheveux de Radegonde (365) Fait pour Angélique. Elle chante en mourant. Des oiseaux (c'étaient des anges) inconnus, à sa mort, chantant sur le toit. Le parfum qui s'échappa de son corps, signe de pureté et de chasteté. — Tous ceux qu'elle a guéris après sa mort.

Des vieillards dans des cavernes avec des bêtes. Des pieds ~~écrits~~ sur des papiers, et qui s'effacent.

Battus de nerfs de bœuf, langues percées avec un fer rouge (bouillies, lyées sur une enclume). Les femmes envoient leurs maris au martyre (376). Les entrailles sortent, comment ne mouraient-ils pas ?

La pluie qui éteint le feu   56

Sainte Eugénie. Habit d'homme moine. Aimée d'une dame, qui veut la prendre et qui l'accuse ensuite d'avoir voulu la violer. Devant le gouverneur qui était son père, elle déchire sa tunique, se montre femme (383).

Tome II

Une ville défendue par des anges.

Sainte Cécile. Cécile a un cilice, fiancée. Mariée elle dit à son époux qu'un ange de Dieu l'aime et veille sur son corps. L'époux accepterait l'ange, mais pas un homme. Le mari, baptisé, la trouve qui ~~confère~~ s'entretient avec l'ange. Il a deux couronnes de lis et de roses. ~~Il~~ Invisible. Un frère entre et sent les roses (18). Dans un bain d'eau bouillante elle se trouve comme dans un endroit très frais

Les femmes pendues par les cheveux.

Sainte Julienne. Un diable sous la forme d'un ange, dans sa prison. Elle le démasque, lui lie les mains derrière le dos et le jette contre terre et le bat avec la chaîne dont elle est liée. Il hurle. elle le traîne et le jette dans un fossé puant. Angeli Comique pour Angélique. Elle rit.

La maladie exaltée, un signe de sainteté. Mortification qui rend l'estomac malade, crises dont on sort presque mort

L'esprit de prophétie. Des histoires, etc.

ntures merveilleuses comme des romans 58 24

<u>Saint Grégoire</u> combat la peste, la fait cesser. Des ermites. L'hostie convertie en chair, pour preuve. Des évêques toujours. Des solitaires qui se jettent nus au milieu des ronces et des épines. Les saints lisent dans la pensée, répètent tout haut ce qu'on pense tout bas.

<u>Saint Second</u>, guerrier

Sainte Marie l'Égyptienne. Marche sur la mer pour venir recevoir la communion (63) Un lion creuse sa fosse

<u>Ambroise</u>. Au berceau, des mouches à miel vinrent lui ouvrir la bouche et la remplir. L'adversité exalte. La prospérité, un crime.

Saint Georges. — Le monstre, deux brebis à manger. Puis les hommes, les enfants, les garçons. Le sort désigne la fille du roi (76) La fille pleure. Georges passe et la voit. Le monstre sort de l'eau. Le coup de lance, la fille du roi lui passe sa ceinture au cou et l'emmène à la ville

Sont baptisés. Il part sans épouser la fille.
— Un proconsul le torture. La foudre
punit les bourreaux, après chaque exécution.
Le mal toujours puni, la vertu toujours récom-
pensée, car la mort ne compte pas. Souvent
des navires, des tempêtes, tourbillons et apaisés.

(Invention de)
La Sainte Croix (108) La croix trouvée (113)
Enfermé dans une fosse avec des serpents

Sainte Marie. — L'état de virginité assimile
l'homme à l'ange. Femme mariée, sous la dépendance
d'un mari, reçoit des coups de poing, accouche avec péril
et douleur. Flavie fait alors vœu de virginité

Les images de Jésus Christ frappé, et il en sort
du sang. Les crucifix. Le bois de la vraie croix faisant
tous les miracles. Les vierges poursuivies par des jeunes
hommes et les convertissant. Le diable toujours vaincu
par les vierges : le signe de la croix suffit.

Sainte-Justine, tentée par le diable pour
qu'elle se marie avec Cyprien. Elle triomphe. Cyprien
se fait chrétien, et tous deux sont décapités. Leurs
corps jetés aux chiens.

Sur le chevalet. Le diable et l'ange se disputant un mort; l'ange l'emporte.

Saint-Michel, archange. Les apparitions de Saint-Michel (153) La bataille contre Lucifer (154) C'est Michel qui porte le drapeau de l'armée céleste. On voit les diables dans l'air, entre le ciel et la terre (155) Ils ont rempli tout l'air comme des mouches autant de diables que l'on voit d'atomes: cela très peu philosophique, c'est la matière qui est le diable.

(Combat continuel contre la luxure, ~~[illegible]~~ luttant effroyablement contre la chair. L'état de virginité paralyse tout.)

Saint-Jérome. Le lion, blessé à la patte, qui vient se faire guérir, et qui reste. On fait garder un âne au lion. Il perd l'âne et consent à faire sa besogne. L'âne retrouvé (159)

Toujours, les saints sous les menaces, ne sont nullement épouvantés... les yeux arrachés, la langue coupée.

Saint François. L'esprit de prophétie. Des sources qui jaillissent, quand on en a besoin. Il aime la pauvreté, l'appelle sa maîtresse. (Ils se flagellent tous eux-mêmes, les hommes, les femmes.)

tenté, il va se jeter dans la neige, c'était ce qu'il avait de mieux pour être tenté ~~de~~ davantage, comme la flagellation d'ailleurs. — Les démons pas battent les saints. « Je n'ai pas de plus grand ennemi que mon corps. » Il avait les stigmates. François rempli de la simplicité d'une colombe, prêchait les bêtes. Il appelle la cigale qui se vient sur sa main et retourne chanter (170) Il appellait les animaux ses frères les oiseaux qui l'étourdissaient, pendant la messe ou la prédication, qui cessent pour lui obéir puis qui recommencent (172) Le miracle d'une fois extraordinaire : c'est lui qui devient la règle commune. Rose Angélique.

Sainte Pélagie — Femme noble, riche et impudique. L'évêque Véronius la convertit. Abandon de ses biens aux pauvres. Prend l'habit d'ermite, frère Pélage. Devient très maigre.

Sainte Marguerite. Pieuse, elle s'enfuit au moment du mariage, pour garder sa virginité, prend l'habit d'homme, frère Pélage. On la met, la croyant homme, à la tête d'un monastère de ~~—~~ vierges. Encore l'histoire d'une grossesse qu'on lui attribue (179). On la reconnaît vierge. Triomp

Sainte ~~Th~~ Thaïs. Femme de mauvaise vie. Vaisselle. Paphnuce la convertit. Elle brûle ses richesses. Il l'enferme trois ans dans une cellule où elle faisait tout (181)

Saint-Denis portant sa tête depuis le Mont des Martyrs jusqu'à Saint-Denis

Dix mille martyrs (légion de dix) Ils s'offrent, eux, en sacrifice à Jésus Christ. Sacrifices humains qui continuent. Sur une grande montagne, Ararat. Les 10 mille crucifiés. Tremblement de terre, rochers fendus, ciel obscurci.

Saint Clément. Histoire de ses parents, roman. Deux enfants noyés qu'on retrouve, Clément aussi. Toute la famille séparée et qui se retrouve. Saint Pierre la scolaire (198) Un modèle de roman sentimental et attendrissant, en dehors des ~~mi~~ miracles, des saints. L'histoire extraordinaire se continue. La mer recule, avance, au gré des saints

Sainte Catherine. Fille du roi Costis. 18 ans. Elle dispute avec l'empereur Maxence. Il fait venir 50 grammairiens et rhéteurs, et la dispute commence

Elle convertit les 50. ~~[illegible]~~ L'empereur les brûle. L'impératrice va la voir dans sa prison *nourrie par des anges* et est convertie. On construit une machine pour torturer Catherine; elle éclate et tue 4000 gentils. L'impératrice a les mamelles arrachées et la tête coupée. L'empereur lui offre alors la place de l'impératrice. On lui coupa la tête, du lait coule au lieu de sang. (213). Des anges emportent son corps. → Sainte Catherine est la sagesse, l'intelligence et la raison, Minerve.

Les doigts coupés les uns après l'autre. (217) Une phrase entre chaque doigt coupé.

Les ermites sont ceux qui mangent de l'herbe.

La haine de la femme *le peuple aussi* (223), même de sa mère comme femme.

Agathon mit trois ans une pierre dans sa bouche pour apprendre à se taire. Des visions les yeux ouverts, trois jours – Dans les discussions, les rhéteurs finissent toujours par rester muets – Des jardins où les fleurs sont comme des pierreries et les fruits délicieux. Les feuilles des arbres rendent des sons harmonieux, des ruisseaux de [illegible]. Des villes dont les murs sont revêtus d'or.

16
44
___
64
16
___
224

Le paradis de Mahomet (253).

De l'histoire – Des corbeaux qui portent dans leur bec des charbons ardents et qui mettent le feu à des maisons.

Saint Éloi, orfèvre.

Sainte Otilie – aveugle née. Guérie après le baptême. Les saintes ensemble après la mort.

Ravie en extase, à deux coudées du sol.

La Vierge Marie se donnant pour épouse à un noble, parent du roi de Hongrie. Il va se marier, elle lui apparaît. « Ne suis-je pas plus belle qu'elle ? – Si tu consens à renoncer à l'épouse que tu es au moment de prendre dans ce monde, tu m'auras pour épouse dans le royaume céleste. » (315).

Sainte Geneviève. Attila, roi des Huns. Les miracles de ses reliques (327).

Sainte Thècle. convertie par saint Paul, veut le suivre, déguisée en homme, mais il ne veut pas.

Un ange sous la forme d'un enfant de cinq ans, avec une torche allumée, [illegible] et passant partout.

Toutes les saintes très belles. Tous les martyrs ne succombant que par un coup d'épée sur la tête tranchée : autrement, ils passent indemnes par tous les supplices.

Sainte Eulalie. On la brûle, voilée de ses cheveux, qui s'enflamment. Pour mourir tout de suite elle aspire la flamme avec la bouche. Une colombe plus blanche que la neige en sort et monte au ciel — Les assistants, quoiqu'ils ne se convertissent pas, s'enfuient, frappés d'effroi — Les tourments, un lieu de délices. Elle souffrit le martyre

Légende de ma dame Sainte Geneviève
En style du commencement du 16me

les soulignés sont en rouge, le reste en noir

La Legende
dorée et vie des Saincts et Sainctes qui Jesuchrist aimèrent de
pensee non saincte. Trans-
latée de latin en françois
mise par ordre en ensui-
vant le calendrier.
Avec la Legende des nouveaux
Saincts additionnez (comme lon
pourra veoir par la table
mise en après. Et nou-
vellement imprimee
à Paris

On les vend à Paris en la rue Neuf-
ve Nostre Dame, à l'enseigne Saint Jehan
Baptiste, par Estienne Groulleau

67 2

Jésus Christ
entouré de têtes d'anges
marchant sur les
nuages

canon
tenu par des chimères

canon
tenu par des
bêtes fantast.

médaillon
saint Jean
St Johannes

médaillon
St Mathieu

colonne

E

le titre

G

colonne

médaillon
saint Marcus

médaillon
saint Luc

les trois rois mages
apportant des présents à
Jésus sur les genoux
de Marie

l'édition est de 1549

Prologue

~~La table est a~~ a
Une image
Monseigneur saint Hierosme

Puis la table.

Un grand bois, le Christ en croix entouré des quatre evangelistes, et un pere eternel au dessus entouré d'anges. Le saint esprit est au dessus du Christ en croix, entre lui et le Pere eternel.

L'impression est sur 2 colonnes
53 lignes à la colonne

La premiere page : Cy commence la Legende dorée en françoys et premierement de l'advent de nostre seigneur. Petites lettres ornées : un blason, avec anges jouant de la trompette. En bas deux humains, une

Images plus grandes la nativité [la crèche] de notre
Seigneur Jésus-Christ. L'enfant, la Vierge, le St
Joseph avec une chandelle, ~~tous~~ les animaux très
naïf. — Massacre des Innocents, très curieux.
Hérode au milieu, à droite et à gauche enfants
massacrés. Au dessous la fuite en Egypte. —
La Circoncision — Saint Paul, ermite —
Saint Sébastien attaché à un arbre, un archer le perce
de flèches. Agnès avec une épée dans
le cou — Saint Jean l'aumônier faisant
l'aumône à deux pauvres — La purification de la Vierge — Saint Mathias
a brisé une idole qui tombe, et il est
percé d'un coup de lance du dos à la
poitrine. — L'Annonciation. — Résurrection de notre seigneur — ~~[illegible]~~
~~[illegible] [illegible] de ferailles~~

Sainte Marie l'Egyptienne, nue, couverte de ses cheveux. – L'ascension de N. S. – Sainte Marine (?) – Saint Pierre, apôtre. – Sainte Marguerite sur un dragon – Marie Magdeleine, avec un vase de parfum – Saint Jacques – Christophe. La flèche qui est revenue dans l'œil du roi. – L'archer vient de tirer. – Très naïf Saint Laurent et son gril, il a la palme du Martyr, le gril est beaucoup plus petit que lui. – Saint Ypolite, traîné par un cheval. – Assomption de Marie Saint-Michel archange, sur une bête, avec l'épée. Il a une cuirasse et des ailes – Fête de tous les saints, des gens qui paraissent en bas, les saints en haut.

Saint-Martin partageant son manteau

Cy finist la Vie des sainctz et sainctes dicte Legende dorée, et aussi des sainctz nouveaux translatee de latin en francoys. Nouvellement imprimee à Paris par Jehan Real. L'an mil cinq cens quarante et neuf.

à côté de la lettre ornée

Petites images – Saint Nicolas en évêque, avec des petits enfants dans un baquet. Sainte Luce une épée dans le cou – Sainte Anastasie attachée à un arbre, avec un bûcher ou quelque tison, ~~avec~~ entre deux bourreaux – St Étienne avec une palme de martyr. – Sainte Geneviève avec ses moutons. – Remy baptisant un homme nu dans une cuve – Saint Hilaire avec la crosse – Saint Macaire agenouillé – Saint Antoine – Sainte Julienne flagellée – Saint Valentin décollé – Deux martyrs frappés du même coup d'épée – Ste Christine on lui arrache les mamelles avec des tenailles – Gorgonien et Dorothée tous les deux pendus.

née dans la pourpre 73
Catherine, fille du roi Costus, la
savante, 18 ans, l'empereur
Maxime dispute avec César
elle, comme à un sage, expose
les mystères avec science —
grande sagesse, merveilleuse beauté —
Tous les grammairiens (50 orateurs) et tous
les rhéteurs, au prétoire d'Alexan-
drie, elle les confond et les
convertit. — Disputes, arguments
si solides. Tous brûlés. Impératrice. Colombe qui la nourrit. Machine qui tue 4000 h. L'impératrice décapitée. Elle eut la tête
coupée

piété

Élisabeth, fille d'un roi de H

foi, dévotion, mépris ce qui n'est
que passager; ferveur, simplicité
mépris les amusements, dès
cinq ans assidue à l'église
ne pouvant pas étant [illegible], se couchait
par terre, pour rendre hommage
à Dieu. Mortification, vêtements
selon l'humilité. mariée au
landgrave de Thuringe
le [illegible]. Austérité
abstinence, humilité et dévotion. Levant la nuit pour
prier et son mari la voyait
pleurant, et l'air gai
et joyeux [illegible] ses emplois les

plus vite pour plaire
à Dieu. Malade pendant le
Carême la prochaine
Pendant sermon, pleure
humilité avec les pauvres
Obéissante à son mari
Dormant sur un tapis
Se faisant fouetter par
ses servantes. Un quignon
morceau de pain. Pauvreté
dans sa voiture, vêtements
grossiers. Morte de pauvreté
Filant de la laine —
Veuve, chapeau, robe
à la couturière, pauvreté
La citation. Elle voit
le ciel ouvert... son corps
se couvre [illegible] oiseaux sur le toit. [illegible]

74 de flèches. Ailleurs, les flèches lancées par les archers reviennent sur elles-mêmes et crèvent l'œil du roi. Ils devinrent blonds fondus comme [illegible] de source.

Agnès revenant de l'école avec
le fils du procureur. Elle loue son
amant divin, développe les preuves.
Envoyée par Jésus, montrant
d'or ses bijoux à prouver. Les deux
qui prouvent – le fils étranglé
par le diable ~~qui~~ et il meurt
Elle le ressuscite. Elle resplendit
la nuit, ~~elle~~ il lui donne
la couronne du martyre.
— Costume Pardin

25 flottage

Agnès — Barthélemy. écureuils

~~Michel (le Satan diable)~~

Elisabeth — Cécile (aimée d'un ange)

~~François (oiseaux)~~

Saint-Georges. ~~Dominique (portrait du diable)~~

Catherine

Saint Christophe

~~Saint Remi~~, oiseaux

~~Saint Vincent (tue le bourreau)~~

~~Saint Sébastien~~ (~~6666~~ diable.

~~Saint. Julien (fait le diable)~~

~~Saint Laurent (rôti)~~

~~Sainte Christine (prend du sa ...)~~

~~Saint Gall. (bain bouillant)~~

Thomas (sur la virginité.)

~~Ignace~~ – Froment du J.C.

~~Blaise (oiseaux)~~

~~Marie Égyp. (l'ardoise~~

Léon (main baisée

extrait ...

De interpretation du nom à plusieurs saint 76 8

Interpretation du nom saincte Agnes. — Agnes est dicte, de Agna, aignel; car elle fut debonnaire comme aignel et humble. Du nom grec agno qui est à dire debonnaire et piteable.

Agnes tresaige Vierge si comme sainct Ambroise tesmoigne souffrit mort au XIIIe an de son aage et trouva vie. — Car estoit ancienne de sens et de grant pensée, jeune de corps et de couraige, belle de face, mais plus belle de foy. — Et si comme elle retournoit des escolles le filz du prevost l'aymoit et luy promist pierres precieuses et richesses sans nombre mais qu'elle octroyast a estre sa femme. Auquel Agnes respondit Va hors de moy pasteur de mort, commencement de peché et nourissement de felonnie, car

cy autre amy / alors commenca elle a y
lever son amy et espoux de cinq choses
qui sont convenables entre espoux et espouse.
Premierement de la noblesse de lignage / et
de la maniere de beaulté de l'habondance
de richesses / de la vigueur de force et puissance
et de l'excellence damour / et dit ainsi. Jay ayme
celluy qui est de trop loing plus noble
de toy par lignaige et par dignité / duquel la mere est Vierge et le pere ne
congneut oncques femme / auquel les anges
servent / de la beaulté duquel le soleil et
lune se esmerveillent / auquel les richesses
ne faillent point ne decroissent / par lo-
deur duquel les mors revivent / et les

(par d'accident nulle part) 78 11
10
malades sont confortez par son atouche-
ment / duquel lamour est chaste / et la
latouchement est chastete / et lassemble-
ment est virginite.. Celluy qui me
aorne de son anel / ma dextre et mon
col aorne de pierres precieuses ---- Lors le prevost co-
manda quelle fust despouillee et menee toute nue au bordeau
Et tantost nostre seigneur feit ses cheveulx
telz et si espes quelle estoit mieulx vestue de cheveulx que de vestemens. Et
quand elle fut entree en ce lieu de
laidure / trouva lange de nostre seigneur
qui enlumina tout le lieu de clarte et luy
apporta ung tresblanc vestement / et ainsi
ce bordeau fut faict lieu de oraison / et
par la grande lumiere lon en yssit plus
net que lon ny entra...

Et lors Aspasien commanda quon luy mist
ung glaive parmy la gorge / ainsi son
espoux blanc et vermeil la consacra a
son espouse et martyre. Et elle souffrit
mort si comme len dit au temps de
Constantin le grand qui commenca lan
de nostre seigneur CCC — Ilz veirent
une compaignie de Vierges vestues de vestemens dorez / entre lesquelles ilz veirent la
benoiste Agnes vestue de semblables vestemens et ung aignel plus blanc que
neige estoit a sa dextre —

Ung homme qui avoit nom Paulin et estoit
en loffice de prestre / en leglise de saincte
Agnes fut fort tourmenté par temptation
de chair / et ainsi luy qui ne vouloit pas
courroucer Dieu demanda licence au pape
de soy marier. Et lors le pape considerant
la bonté et simplesse diceluy luy

comma son anel avec le smeraulde, et
lui commanda quil dist à une ymage
de saincte Agnes qui estoit paincte
en sa eglise quelle se laissast espouser
à luy, et si comme le prestre commanda
ce à lymage, elle tendit le doid à
lannel, et il le mist en son doid, et
elle trayt à soy, et toute cette tempta-
tation fut ostée au prestre. Et ~~enco-~~
~~ret~~ si comme on dit lannel appert en-
cores au doid de lymage. [illegible]
Agnes c'est le renoncement à la chair
pour l'amour divin, le renoncement
au mariage, la vierge enfant qui renonce
à la passion humaine, et qui demeure
par chasteté.

"Elizabeth fut fille dung noble roy de Hongrie... Elle ne alloit pas aux dances/mais en retiroit les autres pucelles. Et quât elle gardoit en ieu nesse le degré de virginité/elle fut côtraincte dentrer au degré de mariage/car son pere la contraignoit pour avoir fruict — Et quant elle estoit avecques ses châbrieres elle se vestoit de vilz vestemens et mettoit ung povre voille sur son chief et disoit. Ainsi vray ie quât ie seray venue a lestat de pouvreté... Elle estoit les povres nudz et les pelerins et portoit les corps mors ensepvelir. Et sa vesture estoit si vile quelle portait ung mâteau gris alongé de autre couleur de drap — Les manches de sa cotte estoient rompues et ramêdées d'autres couleurs... Elle aymoit mieulx mendier avecques les povres que abonder avecques les riches. En toutes choses elle estoit hastive d'obeyr et ferme à souffrir, si qu'elle possedast son ame en pacience... Elle estoit en si grand humilité qu'elle ne souffrait en nulle manière que ses chambrieres l'appellassent dame, mais parlassent ainsi comme à la plus basse. Elle lavoit meismement les escuelles et les vaisseaulx de la cuysine, et se muçoit et cachoit que les chambrieres ne l'en destournassent, et disoit. Si je eusse trouvé une autre vie plus despite je l'eusse prinse.

Son pere le roy de Hongrie quant il ouyt que sa fille estoit venue en tel estat de pourete; il envoya ung conte a elle pour la ramener au pays. Et quant le conte la veit en tel habit et fillant/ il se escria de douleur et de merveilles et dist. Oncques fille de roy ne apparut en tel habis/ ne ne fut veue filler laine.

Saint George

George luy dit. Fille ne doubte / car
ie te aydray au nom de Jesuchrist.
Et elle luy dit. Bon chevalier ne te pers
pas pour moy / car tu ne me pourras ay-
der ne delivrer / ~~ains~~ mais periroys avec
moy. Et si comme ilz parloient voicy le
dragon qui saillit hors de leaue. Lors
dist la pucelle en tremblant. Fuyes ten
sire hastivement. Et George monta sur
son cheval et se arma du signe de la
croix / puis assaillit hardyment le dragon ~~[illegible]~~ se recom-
mandant à nostre seigneur / et bran-
dit tellement sa lance quil navra
le dragon et le gecta a terre / et puis
dist a la fille. Gecte luy ta ceinture entour ~~la~~ col / et ne te doubte
en rien belle fille. Et quant elle eut

e faict / le dragon la suyuit comme
un tresdebonnaire chien.

~~Et adonc appella il catherine et~~ luy
dist.

Saincte catherine

Il est assauoir que la benoiste catherine apparut merveilleuse en cinq choses.
Premierement en sagesse. Secondement en
parler. Tiercement en constance. Quarte-
ment en nettete de chastete. Quintement
en priuilege de dignite.

auparauant

Je suis catherine fille du roy
Coste / et bien que ie soye nee en
pourpre et introduicte es ars libe-
raulx si ay ie tout desprise / et
suis femme a nostre seigneur Jesuchrist.

Et quant la Vierge eut truffagement dispute avec les maistres et quelle eut leurs dieux confondus par apertes raisons/ ilz furent esbahys et ne sceurent que dire/ mais se teurent tous. Et lempereur rempliz de felonnie contre eulx les blasma pour ce quilz se estoient laissez vaincre si laidement d'une pucelle. ... Et adonc quant ce tyran ouyt ce/ il fut tout espris de grand forcenerie et commanda quilz fussent tous ardz au meillieu de la cite.

Les trois chambrieres de Sainte Christine

Et le prevost qui ardoit en
nour dicelles alla a elles pour faire
a luxure / et tantost il forcena /
ar il cuydoit avoir affaire aux
vierges / et il trouva potz et chaude-
ons / paelles et autres oustilz sem-
lables et les acolloit et baisoit. Et
quant il fut saoulle de ce faire il
yssit dehors tresnoir et treslaid et
les vestemens destrompus. Et quant
les serviteurs qui lattendoient dehors
le veirent ainsi attourne si se pen-
serent quil estoit tourne en diable.
Lors le battirent de ~~fu~~ verges et
senfuyrent et le laisserent tout seul.

Saint-Laurent Le gril est un rafraîchissement

Saint Barthélemy — Les 5 cercueil voguant

Saint Leu — La femme qui lui baise la main

Sainte Eugénie — Devant son père.

Sainte Julienne. Bat le diable

Sainte Cécile. L'Ange — Dans un bain d'eau bouillante, très frais

Sainte M. d'Égypte — Un lion creuse sa fosse.

Saint Marce — La Virginité

Saint Michel, Les diables dans l'air

Saint-François — Pas de plus grand ennemi que mon corps. La cigale sur sa main

Agathe — Jardins merveilleux.

Agnès Elisabeth. St George. Anastasie. Catherine

Saint-Thomas — Virginité est sœur des anges... etc

Saint Jean — Les galets célestes qui sont faits de pierres précieuses.

Saint Rémi — Les petits oiseaux venaient manger à sa table

Sébastien — Une femme possédée de 6166 démons.

Saint Vincent — Ses tourments changés en navire de fleurs dans la prison ([illegible])

Saint Ignace (à la fin) Moi qui suis froment de J.C. . .

Saint Blaise bénit les oiseaux

La chair de femme qui laisse couler du lait

Saint Onuphre jetant sa chair au visage de [illegible] pere 5 jours dans four

Saint Dominique — portant des diables

Saint Remi — Il fut plein de si grant de bonté que les passereaulx venoient à sa table et prenoient de sa main à manger

Saint Vincent — Dacien dist Les vein sommes vaincus, et afin que il vive plus longuement à peines, encloyez le en une obscure chartre, puis assemblez traitz agus et fichez ses piedz à un pal et soit tendu sans humain confort et le laissez sur les traitz, et quant il sera failli si le me nonciez, et les cruelz ministres luy obeyrent comme à leur seigneur, mais le roy pour qui il souffrait transmua la peine en gloire, car les tenebres furent chassées de la chartre par lumière, et la cruaulté de ses tourmens fut muée en souefueté de fleurs, et les piedz furent

eglyez et il usa de confort et d'honneur
les anges. Et si comme il allait chantant
sur les fleurs avec les anges, le doulx
son du chant et la souefve odeur
des fleurs se estendirent sans doubte
par dehors, et quant les gardes eurent
veu parmy les crevaces de la chartre
ce qui estoit dedans, ils se convertirent
a la foy, et quant Dacien ouyt ceste
chose il fut tout forcene et dist.
Que luy ferons nous plus nous sommes
vaincus.

<u>Saint-Sebastien</u>. Le dyable la print
la commenca à tourmenter devant tous.
Lors le prestre de l'eglise print le couver-
toir de l'autel et la couvrit, et tantost
le dyable assaillit celluy prestre. Et lors
les amys d'icelle vindrent aux enchanteurs
que ilz enchantassent le dyable par leurs
enchantemens. Mais tantost aussi-

quilz l'enchantoient / par le jugement
de Dieu une legion de ennemys / six
mille six cent soixante-six entrèrent
en icelle / et la tourmenterent aygrement /
et ung homme nommé Fortunat
noble par sa saincteté la guerit par
ses prieres

Saincte Julienne — Il la lya de chaines
et la mist en la chartre / ou le dyable vint
à elle en semblance de ange qui luy dist
--- Lors Julienne luy lya les mains
derriere le dos et le getta contre terre et
le batit aygrement de la chaine de quoy
elle estoit lyée / et le dyable luy disoit
en criant. Madame Julienne aye pitié
de moy. Lors commanda le prevost que
Julienne fust amenée / et quant elle yssit
elle trainoit le dyable après elle / et il
cria disant. Ma dame Julienne ne
me faictes plus de mal et jamais ne feray

92 / 4 22

viray à chrestiens/ on dit que chrestiens
sont piteux et tu ~~n'~~ n'as nulle pitié
de moy. Si le traina ainsi par tout le
marché/ et après le iecta en une ~~tres~~
tresordes fosse.

<u>Saint Laurent</u> — Malheureux, tu as
rosty une part il/ retourne lautre et
puis mange/ car elle est assez rostie.

<u>Saint Christine</u> Lors commanda
il que la chair luy fust rasée aux
ongles et que ses tendres membres fussent rompus/ et Christine print de
sa chair à plain poing/ si la iecta
a son pere et dist. Prens ~~tirie~~ tyrant
et mange la chair que tu as engendrée

— Julien feit embraser une fournaise
et feit iecter Christine dedans/ ou elle
fut lespace de cinq iours chantant

tout avecques les anges / puis en
yssit sans lesion.

Sainte Lucie. Il la fist mettre en
estre en ung baing tout bouillant et
elle estoit la tout ainsi comme en
ung froit lieu et ne sentist onc ung
peu de sueur.

Saint-Thomas. Virginité est soeur des
anges, possession de tous biens / Victoire
de luxure / seigneurie de foy, desconfi-
ture des dyables / et seureté des joyes
pardurables.

Ignace. Moy froment de Jesuchrist
seray ie moulu es dentz des bestes
si que ie soye faict pain net

Saint-Blaise. Les oyseaulx luy ap-
portoient sa viande et venoient ensemble

a luy et ne se partoient point devant
quil les eust beneistz. Quant aucun
oyseau estoit malade il venoit à luy
et emportoit plaine santé.

Saincte Marie l'Egypt. Et ainsi comme
l'ancien homme fouyssoit la terre et
n'en pouoit plus, il veit un lyon
debonnairement venir a luy, auquel
il dist Ceste saincte a commandé son
corps ensepvelir, et je ne puis fouyr la
terre, car ie suis vieil, et aussi ie nay
convenable ferrement a ce. Toy donc
fouys la terre et gratte tant que nous
puissions ensepvelir son sainct corps.
Lors commença le lyon a fouyr et
feit une convenable fosse, et quant il
eut parfaicte & et le corps y fut mis,
le lyon s'en retourna comme ung debonnaire aigneau.

<u>Saint Leon</u> Leon pape celebroit la
messe le iour de pasques en ~~la~~ leglise de nostre
Dame de la maior / et si comme il com-
munioit les gens / ce iour une dame baisa
sa main / et tantost une grant temptacion
de chair le print. Et lors lhomme de
dieu fut cruellement vengeur de soymesmes
car celluy iour se couppa la main secret-
tement qui lavoit scandalise et la gecta
hors. Et entretant grant murmure fut
au peuple / pour ce que le souverain evesque
ne celebroit ainsi comme il avoit acous-
tume. Et lors le pape se tourna devers
la vierge Marie / et se commist du tout
en tout en sa pourvoyance. Et lors elle
vint a luy et luy restablit sa main

<u>Saint Barthelemy.</u> Ilz iecterent le
sainct corps en la mer en une arche
de plomb / et larche sen vint en la

region Darmenie avec larche de quatre
autres martyrs / car ilz faisoient miracles / silz furent rectez avecques luy en
la mer. Et ces quatre allerent devant
par grant espace de mer et faisoient
service à lapostre / ainsi comme serviteurs en une maniere tant quilz vindrent aux parties de Cecile en une isle
laquelle est nommee Liparis.

Saint Michel. A propos de Lucifer
precipite du ciel : Ilz volent souvent
environ nous comme mousches et
remplissent l'air sans nombre. Cest air
est aussi plein de dyables et de mauvais
esperitz, comme le ray du soleil est
plein de athomes. Cest pouldre menue.

Saincte Cecile Et lors elle luy dist. J'ay
ung ange de dieu amy qui garde mon corps a
trop grand amour / et se il sentait que tu
me touchasses par nulle amour desordonnee
il te frapperoit tantost la fleur de ta
ieunesse / et s'il scait que tu maymes de
pure amour il taymera ainsi comme
moy et si te demonstrera son amour.
Et Valerien corrigé par la voulenté de
dieu dist. Se tu veulx que ie te croye
monstre moy celluy ange. Et si ie voy
proprement que ce soit ung ange ie feray
ce que tu requiers / et se cest ung autre
homme ie te occiray et luy d'ung glaive
Auquel Cecille dist. Se tu croys au
vray dieu et tu es baptisé tu le pour
ras bien veoir. ... Il trouva en sa cham
bre Cecile parlant à lange / et Lange
tenoit en sa main deux couronnes de

98 28

ofer de lys et les bailla l'une à Cecile l'autre à Valerien, et luy dist
Gardez ces couronnes du cueur et de corps sans macule ... Et apres ce Tiburcius frere de Valerien entra en la chambre et sentit tres grant odeur de roses et dist ... Et adonc sainct Francois plein de tres grand
simplesse colombine adjoignait toutes les creatures
1 amour et raison — aymer — aux ~~[illegible]~~ createur. Il preschea aux oyseaulx et fut ouy diceulx s'il les ap-planyoit / et ilz ne s'en osoient aller sans congé / et les arondes qui jargon-noient tant comme il preschoit se taisoient tantost par son comman-dement. Ung oyseau qui se nomme cygale estoit en ung figuier delez sa chambre qui chantoit souvent / et francois ten-dit sa main et appella celluy oyseau / et tantost il obeyt et vint sur sa main. Et il luy dist. Chante ma

ma ſeur et loue noſtre ſeigneur. Et
adoncques chanta incontinent, et ne
ſen alla devant quelle euſt congé.

Saint Dominique — Et tantoſt elles
veirent ſaillir ou millieu delles ung
chat noir plus grant que ung chien, et
avoit gros yeulx et flamboyants, la
langue longue juſques au nombril,
large et ſanglante, et avoit la queue
torſe et levée en hault en demonſ-
trant ſon cul quelque part quil
ſe tournaſt, duquel il yſſoit hor-
rible punaiſie, et quant il eut tourné ça et la entour les dames longuement, a la parfin il monta
par la corde des cloches.

Sainte-Chair – Chays luy dist.
Pere ou commandes tu que ie res-
pandes ce qui vient par les conduits
de nature, et il luy dist. En ta
chambre si comme tu es digne.

soudainement apparut nostre Dame à luy disant. Se ie suis si belle comme tu dis pourquoy me laisses tu pour une autre. Adonc dist le ieune filz. Ma doulce Dame que veulx tu que ie face. Et elle dist. Se tu veulx celebrer tous les ans le VIII iour de decembre la feste de ma conception tu seras couronné au royaulme de paradis. Adonc celuy laissa tout et devint moyne

L'eglise Sainte-Marie

Notre Viollet-le-Duc. – Notre-Dame.

Fenêtres romanes larges dans le nord

sous les archivoltes deux colonnettes en guise de pieds droits (encadrement donnant de la richesse à la baie)

Vers 1130 - 1230 - 1430

Fenêtre basse vitrée de l'intérieur

Le plein cintre et l'arc brisé.

Paris 24 février 87

Mon cher confrère,

Je lis votre article du *Petit Mar-lais sur le Ventre*

Le vide divisé en en deux par un meneau vertical portant deux arcs brisés et une rose. Ces deux grandes divisions sont elles-mêmes ~~divi~~ subdivisées en deux par les meneaux secondaires qui portent aussi des arcs brisés et des roses plus petites.

Plus de mur. Tout en vide. Des piles et des fenêtres.

Bourgeonnement en dessous de la fenêtre. Bourgeonnement de formes passant sous les petits ~~ex~~ soubassements.

1220 – Les meneaux se multiplient. Un central ou 3 et alors quatre arcatures

Deux arcatures, une seule avec redents, ~~dans~~ entre les claveaux de l'archivolte.

Le tout très éclairé

Les vitraux. Colonnettes au meneau central et aux pieds droits

arcboutés des bas côtés en
Tout l'espace compris entre les
terrasses, et en faisant descendre
les grandes baies des nefs jusqu'à
l'appui de la galerie. Ce quatre ne
faisant plus qu'un tout avec
le triforium – autant de trav
vées que de verrières.

Les barlotières en fer
barres horizontales qui tiennent les vitraux

Paris 17 février 88.

Monsieur,

Je vous autorise bien volon-
tiers à publier la lettre

artistes tailleurs d'images
la sculpture très découpée, ayant un haut relief ; est très fine, énergique, [illegible] gravité et [illegible]

porte très [illegible] sur une façade lisse. Plus tard la façade s'orne

Trois arcs, trois voussures, trois rangs de claveaux, superposés en encorbellement

trois voussures trois cordons trois rangés de figures les vierges [illegible] leurs [illegible] leur trône et en haut des anges qui reçoivent la la couronne céleste.

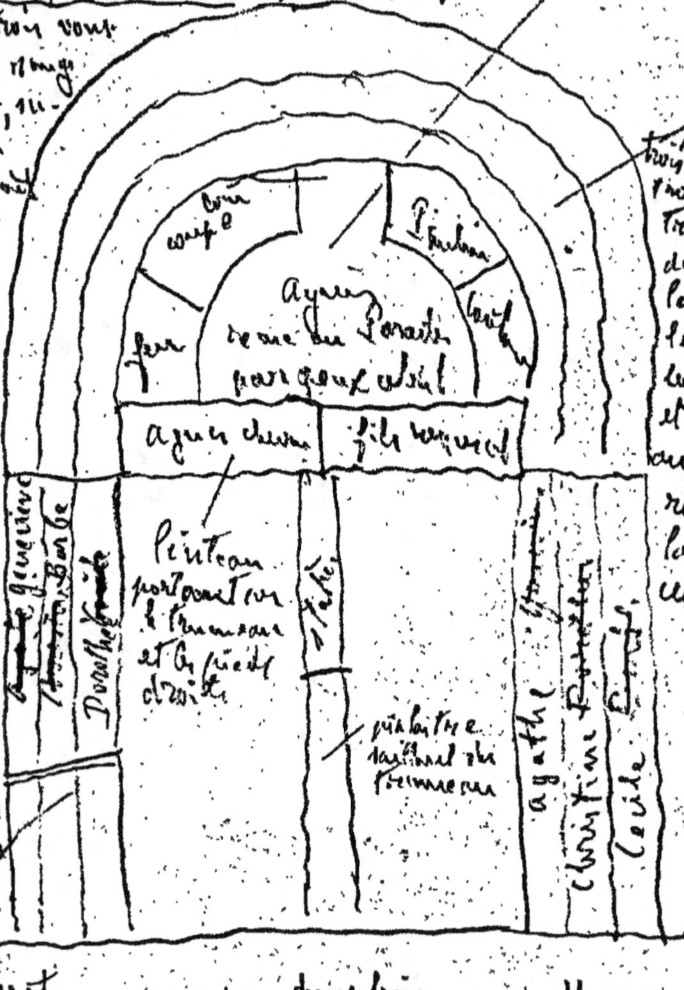

[illegible] et peintures effacées.

statues [illegible]

le stylobate [illegible] d'une petite moulure sert de base aux vierges

ebrasement où se trouvent les pieds droits

deux baies jumelles séparées par un ~~[illegible]~~ trumeau, fermées par deux [illegible]

le portail septentrional du transept [illegible]

189 2

La Porte Sainte-Agnès

Porte septentrional du transept

Sur le pilastre saillant ~~du~~ trumeau qui sépare en deux la baie, et où viennent battre les deux vantaux [deux baies jumelles géminées par un trumeau, flanquée de 2 vantaux]: une statue de Sainte Agnès, vierge et martyre, avec la palme, un agneau blanc à sa droite. Elle a 13 ans. Enfant par les jours, mais d'un âge mûr par la sagesse. ~~Elle~~ belle de visage, mais plus belle de foi. (Je ne crois pas que je la ferai nue avec ses cheveux, à voir.)

Sur le linteau, ~~deux~~ large, deux séries en longueur, 1° à droite de St Agnès, 2° le gouverneur la fait mener dans un mauvais lieu (un lieu de débauche) avec les mauvaises femmes, et ses cheveux deviennent si épais, qu'elle est mieux couverte de cheveux qu'elle ne l'était de ses vêtements. 2°, à Gauche ~~droite~~, Agnès ressuscitant le fils du gouverneur. droite de St A.

Dans le tympan à ~~gauche~~, ~~Agnès~~ deux scènes.

Agnès jetée dans un grand feu, dont les flammes s'écartent d'elle pour brûler ses bourreaux; le martyre, Aspasien commande qu'on lui enfonce une épée dans la poitrine — A ~~droite~~ gauche deux scènes: Constance, fille de l'empereur Constantin, malade de la lèpre, s'en alla au tombeau de Sainte Agnès et fut guérie. Paulin, prêtre, tourmenté du besoin du mariage, sur le conseil du pape qui lui envoie son anneau orné d'une ~~[illegible]~~ émeraude, le présente à l'image de Sainte Agnès, qui ~~[illegible]~~ tendit le doigt et le rentra, gardant l'anneau qu'on y voit encore. — Enfin, au centre, le plus important Agnès reçue au ciel au ciel par les époux élus, qui lui ~~donne~~ pose sur la tête la couronne des noces divines.

Dans les ébrasements des piédroits, le le stylobate couronné d'une forte moulure sert de base à six statues de vierges, trois

Vierges vêtues de vêtements dorés 116

Dorothée, nourrie en prison par un ange

Barbe, qui vécut dans une tour

Geneviève, dont la virginité sauva Paris

Agathe, les mamelles tordues et arrachées

Christine torturée par son père, et qui lui ~~[illegible]~~ jeta de sa chair au visage.

Cécile, qui fut aimée d'un ange

de chaque côté. A droite de l'Ev. / Dorothée, Barbe, ~~Cécile~~, Geneviève ~~Agathe~~ — A gauche, Agathe ~~Geneviève~~, Christine, ~~Dorothée~~, Cécile ~~Barbe~~ — (Cécile, aimée d'un ange, et qui décida son époux à la virginité — Christine qui, torturée par son père, lui jeta de sa chair au visage, Agathe, les mamelles tordues et arrachées, ~~et~~ qu'un miracle rétablit en sa poitrine — Geneviève, qui délivra Paris d'Attila — Dorothée, nourrie en prison de la main des anges — Barbe qui vécut dans une tour.) ~~Ces Vierges sont elles qui les parmi lesquelles que virent~~ Vierges vêtues de vêtements dorés parmi lesquelles les parents d'Agnès la reconnurent, comme ils veillaient près de son tombeau, pendant huit jours.

Enfin ~~dans~~ les trois voussures, les trois rangs de claveaux, superposés en encorbellement, ~~et tous~~ offrent trois rangées de figures, trois cordons : dans le bas, des vierges encore, avec leurs martyres & les tourments terribles qu'elles ~~[illegible]~~ endurèrent, le feu et le fer, et en haut les béatitudes qui les ont récompensées les anges qui les reçoivent dans les cieux, et la cour céleste les accueillant.

Les sculptures de cette porte, faites par les artistes tailleurs d'images du temps, est très découpée, ayant un haut relief et très fines de détails. Energie des gestes, foi ardente de l'expression, gravité et roideur des poses, richesse des costumes, sécheresse des plis.

La porte très ornée se détache avec une grande valeur sur une façade lisse, aux sculptures presques. Une ~~rose~~ ~~simple~~ simple ~~mont dans le pignon~~ rose, aux meneaux lourds, entre les deux contreforts, dans le pignon.

L'eglise Sainte-Mari

Je reprends l'eglise, métier au note
sur Beaumont — L'abbé de Beaumont com
mença son eglise vers le milieu (1150) du douz
ième siècle, avec les ressources de son ordre —
On batit d'abord le choeur, la nef et le tran
sept, et comme les ressources manquent, on
recouvre le tout d'une toiture en bois.
De la façade il n'existe que le grand port
austral. Les façades du transept sont fai
pourtant. Donc, tout le rez de chaussée
est roman, les portes, les fenêtres. Les
chapelles de l'abside et leurs fenêtres s
aussi romanes (à avoir la chapelle Saint
Georges) — Soixante-quinze ans plus tard
(1225), lorsque le Hautecoeur bâtit
son chateau, Jean II il donna deux
cent mille livres pour continuer l'egl

On fit alors le deuxième étage, la nef en ~~[illegible]~~ ogive élancée – Enfin l'achèvement de la façade dont il n'existe que le portail central n'est terminé que deux cents ans plus tard, ainsi que le clocher, en plein gothique rayonnant (1430). Donc les deux dates sont 1150 – 1430, soit ~~deux cent~~ près de trois cents ans.

~~Ma façade et mon clocher~~

Donc, le gothique doit aller ensuite de plus en plus rayonnant. Le deuxième étage, la nef, les arc-boutants sont de soixante-quinze ans plus tard (1225) et alors les fenêtres s'élancent, prendre ~~elles~~ celles de Notre-Dame, ainsi que les arc-boutants. Les chapelles absidales du pourtour du chœur sont ~~bat~~ prises entre les contreforts. Une balustrade ornée de trèfles a pu être ajoutée au dessus des chapelles, bordant la terrasse qui recouvre les voûtes des chapelles. Au dessus

Les grandes fenêtres de la nef sont en ogive élancée (fenêtres ogivales, accompagnées de colonnettes et divisées par des meneaux très élégants. Les voûtes sont contrebutées à l'extérieur par des grands arcs-boutants supportant la poussée des voûtes des galeries intérieures. Les contreforts du chœur, repris et ornementés ~~dans~~ au XIVe lors de la construction de la façade, sont surmontés de clochetons, d'aiguilles, ornés de pinacles et de pignons à jour. Des gargouilles au bout des extrémités des contreforts, déversent les eaux de toutes les parties hautes de l'édifice. Le comble a une ~~avec~~ galerie ornée aussi de trèfles, ce qui en fait deux superposées. ~~Deux~~ Autour de l'édifice, deux ceintures de fleurons. — L'église est entièrement couverte en plomb. Plaques de plomb énormes. — Des bas-reliefs incrustés dans le soubassement des chapelles de l'abside.

les roses très ornées. 117 9

Le couronnement de la grande façade et du clocher est de 1430, commencement du XVe siècle. Donc tout à fait fleuri, très orné. — A la fin du XIVe les ornements étouffent la statuaire. Contreforts de plus en plus ornés. Niches ornées de dais, chaque saint séparé par des colonnettes. Arcature. Les portes très ornées ont noyées dans la façade encore plus ornée. Pignons ornés de roses, de trèfles, de mascarons. Des arcatures en application, galerie à jour. Balustrade, ajourée de dentelles, avec petites roses au centre. Pignons évidés en trèfle et orné de crossettes et de fleurons. Des niches, des colonnettes. Et toute cette dentelle de pierre, très géométrique — les formes s'allongent, s'élancent, les lignes horizontales disparaissent — Un tout combiné géométriquement, un organisme savant — Ces prismes, ces enchevêtrements de courbes, ces plans superposés sont tracés suivant des lois très rigoureuses et une méthode parfaitement logique. Simplicité et ordre merveilleux ~~qui~~ Apparence très légères, solidité inébranlable.

Ce sera sans doute peut-être deux un clocher que je mettrai. Haut de 50 mètres par exemple. A voir — L'église : long. 80 mètres ; longueur 30 met. au transept ; la façade égale — Les cloches, en mettre une grosse qu'on nommera Louisette, du nom d'une Hauteur qui l'aura baptisée. Sept cloches en tout, dans les deux clochers

L'intérieur.

Style roman en bas – Puis l'ogival arrive et s'élance. L'Ogive est venue s'appuyer sur des colonnes trapues qui avaient supporter les arcs en plein cintre marquant la transition d'un style à un autre, au moment de la construction.

– Les travées, ~~[illegible]~~ 8. A la 1re au dessus de l'entrée, se trouve la tribune de l'orgue. Rangées de grosses colonnes énormes, de fort diamètre, recevant les nervures de la voute des bas-côtés (collatéraux, nord et sud) jusqu'à la croisée (le transept) Collatéraux doublés, en deux galeries(?) Cinq chapelles de chaque côtés. Aux quatre angles de la partie centrale du transept, quatre immenses piliers, faisceaux de colonnes et de pilastres. – Voir le reste aux notes prises sur Notre Dame (25)

Les Hautecoeur ont reçu en don, comme sépulture, la chapelle Saint-Georges (datant de 1150) lorsque Jean II donna deux cent mille livres pour aider à la continuation des travaux. Le vitrail de Saint Georges y était déjà, et il est donc du milieu du 12e siècle. C'est plus tard, lorsqu'on donna la chappelle aux Hautecoeur, ~~qui~~ ~~leur~~ (1225) que leurs armes sont mises en haut du vitrail à
au motif d'ornement de la rose
la place d'une rose d'ornement
à voir.

Ne pas oublier de placer les légendes sur les pierres funéraires de la chapelle (voir aux Hautecoeur

Viollet-Le-Duc

Tympans, voussures, pieds droits, ébrasements. Peu de portes intéressantes avant le commencement du XIIe. Porte de l'église ~~abbatiale~~ abbatiale de Vezelay. Deux baies jumelles, séparées par un trumeau, fermées par deux vantaux. A droite et à gauche, six figures d'apôtres, trois de chaque côté — Sur le pilastre saillant du trumeau, une statue. Deux linteaux, larges, portant sur le trumeau et sur les pieds droits : sculptés, les linteaux, réunis en long. En bas, on mettait le jugement dernier, les élus à la droite du Christ, les damnés à gauche. Les vices et les vertus en regard. Sculpture dans le tympan et dans les voussures — La sculpture est très découpée, ayant un haut relief, détails très finement traités. Ener-

gie du geste — Toutes les portes : un arc de
décharge sous lequel est posé le linteau,
et un remplissage qui est le tympan ; deux
ouvertures, une double-bat séparées par un trumeau ; deux
vantaux. Les arcs de décharges furent chargés
de sculpture, participant à la scène représentée sur le tympan. Trois arcs, trois voussures,
trois rangs de claveaux. Ces arcs se superposent
en encorbellement. Les pieds-droits formèrent
alors de profonds ébrasements. Les sculptures
détachées des ~~[illegible]~~ voussures, ne datent que
du milieu du XIIe.

Si, au commencement du XIIe le style
roman est ~~[illegible]~~ assez grossier ~~en Picardie~~ sur
les bords de l'Oise, c'est là que le gothique
prend naissance et se développe vivement. —
Dans Notre-Dame, la porte de la Vierge est
percée sur le collatéral Nord (elle fut élevée
de 1205 à 1210 — L'ébrasement — Des
statues, une par voussure, sont posées

sur les colonnettes de l'arcature inférieure
Toute la porte de la Vierge était autrefois recouverte de dorures et de peintures, dont les traces sont visibles. —
Les portes étaient d'abord très ornées,
sur une façade lisse ; ce qui leur don-
nait de la valeur. Mais bientôt elles
se relient à une façade entièrement
ornée (portes des transepts de Notre Dame)
Il me faudra, à moi, une petite façade
unie — La grande façade pourra être
très ornée (XIVe) à la fin du XIVe les
ornements étouffent la statuaire. Les artistes
tailleurs d'images du XIIe. Les contreforts
~~[illegible]~~ peu à peu furent très ornés. —
Niches ornées de dais, chaque saint
séparé par des colonnettes. Arcatures, etc.

Notre-Dame

L'évêque Maurice de Sully jeta les fondements en 1163. Les travaux marchèrent très rapidement. En 1182, au bout de 19 ans, le maître autel fut consacré. En 1185, la construction du chœur assez avancée pour qu'on y officiât. — Maurice de Sully mort (1196), son successeur Eudes de Sully continue. Sous l'épiscopat de Pierre de Nemours (1208 à 1219) on commença la grande façade orientale. A la mort de Philippe Auguste, 1223, cette façade était terminée. Le portail méridional du transept a été commencé en 1257 par Jean de Chelles, maçon. Le portail septentrional de la croisée (ou du transept) n'aurait été bâti que cinquante ans plus tard, vers 1312. Enfin on voyait que la porte Rouge, du côté du chœur, était de 1415. — Le plan primitif ne comportant pas les chapelles depuis le bas de la nef jusqu'au transept : les chapelles latérales furent bâties, entre les

125

…ntre-porte de la nef, à la fin du XIIIe. Les
…ux étages des tours s'élevèrent à la même époque
…insi que la plupart des chapelles absidales. Les
…hapelles du pourtour du chœur. — En somme
…a construction va de 1163 à 1301 à
peu près, en tout cent quarante ans.
Mais des modifications qui viennent
l'altérer presque aussitôt. On aurait
cependant refait les charpentes supérieures et
les reconstruisit, en modifiant l'ornementation
des galeries, la forme des fenêtres hautes et
des grands arc-boutants de la nef et du
chœur ; la construction de la cathédrale n'était
pas encore terminée. Du XIVe au XVII pas
de modification. — L'exécution du vœu de
Louis XIII mutila sous prétexte d'embellis-
sements. En 1699, on supprima l'antique maî-
tre-autel avec ses colonnes de cuivre et ses
chasses, les anciennes stalles du XIVe siècle,
le jubé, toute la clôture à jour du rond-point.

les vitraux du chœur, de la nef et des chapelles, tous les tombeaux du chœur. En 1771, on remplaça les dalles funéraires du sol par un dallage uniforme en marbre.

Elle est bâtie en forme de croix latine, orientée. Deux tours carrées couronnent sa façade occidentale. Une flèche s'élève au point d'intersection des quatre branches de la croix. Six portes, trois à la façade occidentale, deux aux deux extrémités du transept, et une sur le côté septentrional de l'abside. Longueur 130 mèt.; larg. dans la croisée 48; hauteur de la maîtresse voûte 35 mèt.; développement de la façade 40, Pas si chargée de statues et d'ornements que celles de Chartres et de Reims; Extérieur 1200 statues. 5 nefs; 24 chapelles, 3 grandes roses, 113 fenêtres, 120 colonnes soit libres soit engagées, 108 colonnettes à la galerie, qui, au dessus des collatéraux, fait le tour de la grande nef et du chœur.

La façade, trois portails. Celui du milieu

portail du Jugement ; au nord : portail de la Vierge ; au midi : le portail de Saint-Anne. Les portails en ogive s'ouvrent sous des voussures profondes ornées avec un grand art ; elles sont surmontées de tympans sculptés. Sur chacun des quatre contreforts qui divisent la façade en trois, et séparent les trois portails, à la hauteur où les voussures commencent à s'arquer, est une statue. Au midi, Saint Étienne ; au nord Saint-Denis ; les deux femmes du milieu le Nouveau et l'ancien testaments. — L'étage inférieur est séparé de la galerie dite des rois par une double rangée de feuillage. La galerie des rois a 28 arceaux trilobés. Au dessus de la galerie des rois, la galerie de la Vierge, qui supporte 5 grandes statues : Adam, à la tour du nord, Eve à celle du midi ; et dans le milieu de la rose la Vierge avec le Christ, entre deux anges. Au centre du 2e étage, la rose de 14 mètres de diamètre, dont les meneaux sont exquis au dessus de la rose, la galerie des colonnes, surmontée de la galerie des ~~[illegible]~~ tours véritable pont jeté sur le vide — Les tours 68 mètres. Sur chacune des quatre faces deux baies ogivales immenses, dont les ébrasures sont tapissées de colonnettes. Les terrasses revêtues de plomb, sont entourées d'une balustrade. La tour du midi un peu plus mince que celle du nord. Tour du nord, 7 cloches; six dans le clocher du transept. Tour du midi, les deux bourdons. Le gros donné en 1400, par Jean de Montaigu, Jacqueline, du nom de sa femme. Les baies supérieures des tours sont garnies d'abat-sons de métal, qui protège les beffrois. A la pointe du grand pignon triangulaire qui clôt le comble de la nef se dresse un ange sonnant de la trompette.

Le portail du jugement : les vices et les vertus, la résurrection des morts, le jugement dernier, la joie des élus et la réprobation des damnés. — Sur le stylobate, 24 médaillons; ~~[illegible]~~ stylobate couronné d'une forte moulure, sert de base aux

Sur les contre-forts les bas-reliefs dont 2 mutilés. Au-dessus
douze apôtres. Le tympan se divise en trois
ries. La voussure a six rangées de figures,
cordons : les scènes d'enfer, des tourments, très
aux. En bas, les scènes d'enfer, en haut,
anges et des saints qui forment la cour céleste,
martyrs, les vierges, les prophètes, les docteurs,
dans un cordon. — Porte Sainte Anne,
plus ancienne. Dans les deux divisions du tympan
pture du XIIe, à la gravité et à la roideur des poses,
la richesse des costumes, à la sécheresse des plis, à
l'anatomie toute de convention.

~~D~~ Après les travées, des chapelles jusqu'au
transept, qui sont venues remplir les vides,
entre les contre-forts : chacune éclairée par
une large fenêtre ogivale, accompagnée de colonnettes et divisées par des meneaux très
élégants. Une balustrade composée de trèfles
borde la terrasse qui recouvre les voûtes
des chapelles. ~~Le~~ Au dessus les grandes fenêtres
de la nef sont en ogive. Les voûtes de
N. D sont contre-boutées à l'extérieur
par 28 grands arcs-boutants de 13m 33

chacun et de 18 petits de 6 mètres, supportant la poussée des voûtes des galeries intérieures. Les contreforts du chœur, reconstruits au XIVe siècle, sont surmontés de clochetons, d'aiguilles, ornés de pinacles et de pignons à jour. Des gargouilles déversent ~~les~~ les eaux de toutes les parties hautes de l'édifice. La galerie des chapelles, la galerie de la nef et la galerie du grand comble forment autour de l'édifice trois ceintures de fleurons.

Façade du croisillon méridional. En partant d'en bas : une baie centrale accompagnée de chaque côté d'une arcature à double ogive et de trois niches ; les ébrasures de la porte renferment six autres niches. Le tout est surmonté de vrais pignons ornés de roses, de trèfles, de mascarons. Au-dessus de la rose, il y a une arcature en application et une galerie à jour. La rose a 40 pieds de diamètre. Au-dessus, une balustrade accostée de deux clochetons avec une petite

…nel au centre et des œils de bœufs dans les angles. Sous l'arcature à double ogive, de chaque côté 4 bas reliefs. Dans le tympan des ogives saint Martin partageant son manteau, etc. — Dans les niches des ébrasures, saints Denis, Rustique, Eleuthère. Le bas relief du tympan retrace les principaux traits de la vie de saint Étienne. [Il prêche la foi on lui lance des pierres] Les trois rangées de la voussure peuplées d'anges, de martyrs, de docteurs, de confesseurs ; on reconnaît aux emblèmes saint Laurent, saint Vincent, saint Maurice, saint Georges, etc.

La façade du croisillon septentrional est complètement semblable à l'autre. Elle n'en diffère que par les sujets traités au tympan, dans les voussures, et dans les niches du portail. Porte du Cloître. Toute la sculpture est pour la Vierge. Au pilier trumeau, statue de la Vierge. Dans les niches des ébrasures, à droite de la Vierge, les trois rois mages ; à gauche les trois vertus théologales. Sous le linteau, quatre anges balançant des encensoirs

Le tympan a trois divisions superposées; au premier rang, la naissance du Christ, Hérode massacre des innocents, fuite en Egypte. Second rang, la légende du diacre Théophile. Dans la troisième partie du tympan, Théophile a rachète son pacte et triomphe. Quatorze degrés.

La porte Rouge, ouverte sous la fenêtre de la troisième chapelle au nord, réservée aux chanoines. Une baie ogivale, accostée de de deux pieds-droits coiffés d'élégantes aiguilles et surmontée d'un pignon évidé en trèfle et orné de crossettes et de fleurons. Des niches et des colonnettes garnissent les ébrasures. Le stylobate garni de petites figures, animaux, centaures. Au bas relief du tympan, un ange couronne la Vierge assise près du Christ; à droite et à gauche, roi et reine à genoux, les mains jointes — Les groupes sculptés dans la voussure sont les événements de la vie de saint Marcel. La porte est de 1257

Sept bas-reliefs sont incrustés dans le soubassement des 5e 6e et 7e chapelles de l'abside. Triomphe de la Vierge.

La charpente du grand comble de N.D. est en chêne. On l'appelle la forêt. Elle est longue de 118e. Elle soutient la couverture en plomb. 1236 tables de plomb : 210 120 Kilog.

<u>L'intérieur</u> Style roman en bas, puis style ogival arrive et s'élance. L'ogive est venue s'appuyer sur les colonnes trapues qui devaient supporter les arcs en plein ~~[illegible]~~ cintre, marquant la transition d'un style à un autre au moment de la construction (J'insisterai, je ferai traîner les travaux un siècle entre le premier étage et le second). — Le nombre des travées de la grande nef du seuil au transept est de 10. A la 1ère travée, au dessus de l'entrée, se trouve la tribune de l'orgue. <u>Deux</u>

formées de plusieurs colonnes, soutiennent le poids d'une des angles des tours. — Puis deux rangées de sept colonnes monostyles, très fort de diamètre; la hauteur du fût 8 m.; elles reçoivent les nervures de la voûte des bas côtés et de la voussure ouverte sur la nef. Tribunes au dessus des collatéraux, jusqu'à la croisée. Les collatéraux sont doubles, chaque bas côté est divisé en deux galeries. 7 chapelles de chaque côté. Trois rangs de fenêtres, là : les fenêtres ogivales des chapelles, les baies des tribunes, les fenêtres hautes de la grande nef. — Les angles de la partie centrale du transept sont soutenus par quatre énormes piliers, faisceaux de colonnes et de pilastres. Chaque croisillon 3 travées en longueur. — Du transept 3 marches pour monter dans le chœur et ses collatéraux. Le chœur a quatre travées de longueur ; on en compte 7 au pourtour de l'abside. Deux piliers quatorze colonnes libres portant les arcs de cette partie. La tribune règne sans interruption. ~~sur chaque de travée~~ Le style roman s'affirme là, le chœur bâti le premier doit être roman. Double collatéral, partagé en deux galeries par 4 piliers et 17 colonnes environnant tout le chevet, autour duquel rayonnent 15 chapelles. Trois rangées de fenêtres éclairent le chœur et l'abside, comme la nef. 113 fenêtres, en comptant les 3 grandes roses. 91 ont des vitraux partout : on a remplacé au XVIIIe par des verres incolores, qui éclairent trop vivement. Rose ouest : Vierge au centre, autour les 12 apôtres ; dans les 2 autres cercles, les signes du zodiaque et les travaux des mois, le combat des vertus et des vices. – Rose nord : la Vierge avec son fils entourée des patriarches, des juges, des prêtres, des prophètes et des rois. Rose midi, en quatre cercles, le chœur des 12 apôtres, une

armes de martyrs, des anges qui leur apportent des couronnes : au centre les armes du cardinal de Noailles.

Décoration intérieure, très austère – L'ancien maître autel était ~~sur~~ placé entre quatre colonnes de cuivre, soutenant des courtines d'étoffe que l'on changeait suivant les fêtes. Derrière, sur une plate-forme, soutenue par 4 colonnes de cuivre s'élevait la châsse en vermeil de Saint Marcel en forme d'église et enrichie de pierres précieuses – Au-dessus de cet autel, rangées sur trois étages des châsses de divers saints (ces châsses étaient de 1270)

La boiserie des stalles très belle. Le jubé. Un mur plein sépare les stalles des collatéraux La clôture du chœur. Autrefois, la vie du Christ y était sculptée.

Les tableaux, les fresques dans les chapelles selon les saints. – Les dalles funéraires, avec effigies et épitaphes. Monuments avec statues de bronze ou de marbre. ~~Differ~~ Diverses familles avaient des sepultures dans des chapelles qui portent leurs noms. Chapelle des Ursins.

La sacristie rebatie, style ogival.

Un lierre contre l'église. Des oiseaux dans les arcs-boutants. Ramiers ou corbeaux. Moineaux - Animer tout.

Mariage — Confession, communion auparavant

. Ennoui – Le curé revêtu d'un aube ~~surplis~~ ~~A l'une~~ avec une étole ~~blanche~~ croisée sur la poitrine, va au grand autel, accompagné d'un clerc portant l'eau bénite, l'aspersoir le Rituel et un petit bassin pour bénir l'anneau. — Après fait une courte prière, monte à l'autel, se tourne vers le [illegible], a devant lui l'époux à la droite, l'épouse à la gauche (hommes du côté de l'époux, femmes du côté de l'épouse). Debout et couvert, il fait aux époux l'exhortation [illegible] Indissolubilité du lien. C'est un [illegible] sainte que le divin Sauveur a rétabli dans toute sa pureté pour multiplier par elle les enfants de la foi et former dans ~~son~~ ~~royaume~~ le sein de l'Église des héritiers de son royaume... St Paul ordonne au nom de Seigneur à tous les maris, mon cher frère, d'aimer leurs épouses

comme J.-C. a aimé son église...
Et vous, ma chère sœur, soyez soumise
en toutes choses à votre époux comme
au Seigneur, comme l'Eglise est elle
même soumise à J.C. ... Si Dieu vous
~~..~~ donne des enfants, mon cher frère
et ma chère sœur, ce ne sera que pour
en faire des saints... Enfant doit être
saint dans une voie sainte, et toute
voie doit être sainte parmi les fidèles.
Alors le curé demande N. vis accipere
N. hic praesentem in tuam legiti-
mam uxorem juxta ritum sanctae
matris Ecclesiae? Rep. Volo. (Voulez-vous
prendre (l'époux nom et prénom), ici présente
pour votre femme et légitime épouse,
en la forme que la sainte Eglise notre
mère le pratique? Rep. Oui, monsieur

-le vaux. (Marie demande et réponse pour la femme) – Le prêtre se découvre ... met la main des époux ~~deux~~ l'une dans l'autre, et dit. Ego conjungo ~~in~~ vos in matrimonium : in nomine Patris, et Filii, et Spiritus sancti. Amen. Ensuite il jette de l'eau ~~de~~ bénite sur les nouveaux époux, et ensuite il bénit l'anneau qu'on lui présente (explication n° 6) sur le bassin, en disant : V Adjutorium nostrum in nomine Domini. R Qui fecit coelum et terram. V Domine, exaudi orationem meam R Et clamor meus ad te veniat. V Dominus vobiscum, R Et cum spiritu tuo. – Oremus. Benedic, Domine, annulum hunc, quem nos in tuo nomine benedicimus, ut quae eum gestaverit, fi–

dilectionem integram suo sponso teneat,
in pace et voluntate tua permaneat
atque in mutua charitate semper
vivat. Per Christum Dominum
nostrum. R) Amen. — ~~Encore des~~
~~prières~~ De l'eau bénite en forme de
croix sur l'anneau. Il le présente
à l'époux qui le met au doigt annu-
laire de la main gauche de son épouse
tandis que lui-même faisant le signe de
croix dessus dit — In nomine Patris,
et Filii, et Spiritus sancti. — Puis
recommencent encore des prières Confirma
hoc, Deus etc. Un pater noster.
Cela finit par Per Christum Dominum nostrum. R) Amen — Nouvelle
exhortation. Etc. N'ayez tous les
deux, mon frère et ma sœur qu'un

cœur et qu'une âme amie vous main-
tellement dans vos besoins ; aidez-vous
réciproquement, par vos bons avis et
vos bons exemples. C'est la grâce que
je vous souhaite et que je prie toute
l'assemblée de demander à Dieu avec
moi pendant le saint sacrifice où la
messe que nous allons offrir à cette
intention — L'exhortation finie, les
époux se mettent à genoux près du
balustre, lui à droite, elle à gauche,
et ils entendent la messe du Missel
pro sponso et sponsa. Bénédiction
des époux après le Pater noster
avant le libera nos, il fait la génuflexion, se retire du côté de l'épître
se tourne vers les nouveaux époux
et debout, découvert, les mains jointes

et les prières marquées dans le
Missel, que le clerc tient ouvert
devant lui.

Le prêtre revêtu de l'aube et de l'étole
se rend au pied de l'autel, suivi d'un clerc
[portant] le bénitier, l'aspersoir, un
bassin pour l'anneau.

Cérémonies qui accompagnent le
mariage. Bénédiction de l'anneau
le prêtre le bénit et le donne d'abord
à l'époux, pour lui témoigner que
l'Église, comme parlent les Pères,
scelle et cachette son cœur par ce
sacrement, afin que jamais plus le
nom ni l'amour d'aucune autre
femme ne puisse y entrer, tandis
que celle-là vivra, laquelle lui
a été donnée. (D'où vient qu'anciens

-ment les cachets étaient gravés du
nom et de l'image des personnes
qui se mariaient.
Pourquoi l'époux ordinairement
pris remet-il l'anneau à la main
de son épouse ? Afin que réciproquement elle sache que son cœur ne doit
jamais recevoir d'affection pour
aucun autre homme, tandis que
lui que Notre Seigneur vint de
et donner vivra en terre.
Que signifie donc proprement
l'anneau ? Il signifie l'amour et
la fidélité inviolable que se doivent
le mari et la femme l'un à l'autre
et l'on n'en donne qu'un pour
montrer que la polygamie est
défendue (toute cette race est là,

l'union éternelle, indissoluble et que la mort va dissoudre tout de suite. La mort dans l'ensemble; ce qui est l'éternité. Bien insister donc sur le mariage chrétien indissoluble, scellé X, célébré par la communauté ! On les lie l'un à l'autre, longuement, et à demeurement !) L'anneau survivant dans la mort.

Pourquoi se met-il à la main afin que les personnes mariées l'ayant continuellement devant les yeux, puissent se souvenir de la promesse qu'ils se sont donnée, et comme ressusciter autant de fois qu'ils le verront, la grâce qu'ils ont reçue au sacrement de mariage.

- Anneau d'or)

La pièce de monnaie, le treizain,
est une marque du douaire dont les
...rtis sont convenus, que les lois
appellent pretium virginitatis.

La cérémonie de se présenter la
main l'un à l'autre. Pour témoigner
...la, comme par un serment de fidélité inviolable l'amitié qu'ils
doivent se jurer l'un à l'autre.

Pourquoi exige-t-on le oui.
...ce que le mariage, pour être le
...oui, doit être libre, volontaire,

Après le mariage & la célébration
de la messe on se fait l'offrande,
on se donne le voile et la paix.
...poux, ~~a do~~ entendant la messe, hors
de l'enclos de l'autel, et pendant icelle
tiennent l'un et l'autre une chandelle ardente en la main. ~~Et~~ Ce

cierge allumé signifie la marque d'innocence et de la virginité conservée depuis le baptême, ou au moins reparée par la pénitence. Il les avertit de se tenir prêt d'aller au devant de l'époux, comme dit l'Evangile, et de conserver la mémoire de la mort dans la cérémonie qui semble en être la plus éloignée.

— La messe est une représentation très vraie du sacrifice de la Croix, ou Notre Seigneur a consommé très parfaitement l'alliance étroite et mystérieuse qu'il est venu contracter avec l'Eglise.

Que signifie le voile, qu'on étend sur la tête des mariés pendant la messe, à ce mot du canon, Nobis quoque peccatoribus, ou en usé après l'oraison dominicale, devant que le

Prêtre est dit Amen. Libera nos
ainsi encore après la post communion. Il signifie : 1° selon St Paul,
soumission de la femme à son
mari ; 2° selon S. Ambroise que
les compagnes du mariage, et les
plus précieux ornements d'une
femme sont la pudeur et la modestie.
St Ambroise dit encore que ce voile
étendu sur leur tête marque les
soins et les embarras du mariage,
qui comme une grosse et pesante
nuée vient fondre et se décharger
sur leur tête ; ou la protection de
la grâce divine, à l'ombre de laquelle
les mariés seront heureux — Ce
voile s'appelle velamen cœleste, ou
flammeum nuptiale.
On portait la paix, le baiser de

paix les anciens Rituels ordonnent que ce soit le mari qui la reçoive du prêtre et la donne à son épouse. C'est au mari le chef de la famille à procurer et à maintenir la paix; s'il la prend du prêtre pour montrer qu'ils doivent attendre cette paix de J.C.

Après l'Ite Missa est la bénédiction dernière du prêtre. Beaux que l'Eglise fait pour les nouveaux mariés plaise à Dieu d'en combler ceux à la sainte bénédiction; c'est pourquoi elle demeure pas ironiques, afin qu'ils soient croître et multiplier leurs enfants jusqu'à la troisième et quatrième génération.

Enfants assistés

—

Tutelle officieuse

—

Adoption.

Victor Thiébaut

183 1

Administration générale de l'Assistance publique, à Paris

Livret d'élève des Enfants-Assistés.

Nom de l'élève : Néant — Prénoms

Angélique-Marie — Née le 22 ~~décembre~~ janv.

1851 ; Admis le 24 ~~décembre~~ janv. 1851

sous le n° matricule 1624

En haut une image

de St Vincent de Paule

Livret d'élève

Le livret est remis à la nourrice

Une page l'indique : l'enfant une telle

a été confiée le ... à la nommée ...

femme du sieur ... profession de ... demeurant

commune de ... arrondissement

de ... laquelle nourrice a reçu, au

moment du départ, le premier mois de nourriture, plus un trousseau mentionné à la page 16..

Un certificat de baptême, signé par l'Aumonier de l'Hospice des Enfants Assis le ... 1850.

Des certificats de médecin, au départ et à l'arrivée — certificat de vaccine

---

Changements de placement. En cas de maladie grave de la Nourrice ou de mauvais traitements, le sous-inspecteur qui représente l'Assistance publique dans l'arrondissement peut ~~les~~ autoriser le changement. ~~Et~~ Quatre cases, quatre changements ~~peu~~ sont ménagés. Une case pour le motif du changement. (6)

Le collier porté jusqu'à 6 ans. Une
…ue en toile recouverte au moins de
…olier en or. Fermé par une boîte en
…gent, et porte une médaille en argent
…ec l'année et le numéro d'admission.
À 6 ans le collier est coupé par le sous-
inspecteur et le médecin. On dresse pro-
…verbal de la rupture, et on constate
… signalement de l'enfant — signalement (9).

Jusqu'à 14 ans les patrons sont
…nus d'avoir un lit pour faire coucher
l'enfant seul, de l'envoyer à l'école
communale. Pratiques de religion —
office, catéchisme. — En cas d'évasion
de l'enfant, le nourricier et prévenir dans
les 24 h. le sous-inspecteur, adjoint le maire

L'administration s'engage à ~~payer~~ faire payer aux nourrices et patrons chaque trimestre, la pension de l'enfant. à leur faire délivrer les vêtures nécessaires

Mois de nourrices, différ (13) —
à partir de 8 ans jusqu'à douze le mois n'est que de 6 ans.

Les vêtures. La 8e se délivre à 8 ans. Donc les fleuristes pouvaient l'avoir (19) — La 10e (19) —
~~Le~~ Les autres vêtures ont été données, et sont marquées sur le livret.

Les payements aux nourrices —
(23). ~~Le~~ Le percepteur émarge le livret à l'instant même du payement,

-y appose sa signature.

Il y a une pension extraordinaire
au dessus de 12 ans (37) Mais j'ai
nvie que les Hubert représentant.

Un certificat de placement, pour
nami Angélique entré chez les Plenc
tets (38) et une deuxième, quand
lle entre chez les Hubert (39) —

Les conditions de placement sont sti-
pulées dans un acte passé entre
l'Inspecteur ou l'Administra-
eur et les personnes qui se chargent
l'élève.

Mariage des élèves B (important)
49). Acte de mariage, tutelle

A la fin, visites du Sous-Inspecteur et du médecin. Ils doivent visiter l'enfant tous les trois mois et indiquer la situation de l'enfant dans les pages : Dates - observations et renseignements. C'est une sorte de journal, l'employer pour Angélique. (S 1)

Enfin, même chose pour les Inspections. Les inspecteurs passent, datent et font leurs observations.

Enfants trouvés ou assistés

Les enfants, jusqu'à la majorité ou l'émancipation, restent sous la tutelle du président [de] l'administration. Envoyés chez des nourrices jusqu'à [douze ans]; placés ensuite chez

Apportés à l'hospice par la sage-femme [qu]i a fait l'accouchement. La sage-femme est [qu]estionnée et doit justifier de la nécessité [qu']a la mère d'abandonner son enfant. Quand l'enfant arrive, l'employé dresse procès verbal. Un extrait en est donné [à] l'officier de l'état civil, qui le transcrit sur le registre [de]s actes de naissance. On nomme l'enfant. [U]n des noms lui sert de nom de famille. Baptisé, vacciné. Quand les parents reprennent un enfant, ils doivent rembourser [le]s frais. Il faut ~~qu'il y ait~~ donner des détails sur les circonstances pour ravoir un enfant.

Un collier que l'on scelle avec un morceau d'étain sur lequel ~~son~~ sont les indications nécessaires pour faire reconnaître l'enfant. Quelquefois gravé sur une médaille d'argent suspendue au collier, ou <u>sur ~~une~~ des boucles d'oreilles</u>.

Beaucoup, tourmentement, s'enquivent, fournissent les 8/10e des mineurs qui paraissent devant les tribunaux. Des criminels, des prostitués.

L'émancipation par le père ~~et~~ ou la mère peut se faire à 15 ; par le conseil de famille 18 ans.

La majorité pour les deux sexes est fixée à 21 ans, et pour la fille 21 ans à ~~pr~~ à 25 ans, à l'égard du mariage.

<u>Adoption</u> – Ceux qui adoptent doivent
oir 50 ans passés. Deux époux pas d'enfants peuvent
opter. Il faut avoir 15 ans de plus que
dopté et lui avoir, dans sa minorité,
dant 6 ans au moins, fourni des secours.
faut que l'adopté ait sa majorité,
1 ans – Chez le juge de paix, au tribunal, à la cour d'appel

<u>Le tuteur officieux</u>. Tout individu âgé
plus de cinquante ans, peut s'attacher
n mineur par un titre légal, en devenant
n tuteur officieux. Si le mineur n'a
oint de parents connus, il ~~doit~~ devra
btenir le consentement des administrateurs
e l'hospice, Hubertine devra consentir –
l faut que le pupille ait moins de 15
ns. Le juge de paix du domicile de l'en-
nt dressera procès verbal des demandes
t consentements relatifs à la tutelle officieuse.

Le tuteur officieux après cinq ans révolus depuis la tutelle, peut conférer l'adoption par acte testamentaire.

Donc je ne donnerai que 16 ans à Angélique. Hubert ~~ans~~, dès qu'il aura eu 50 ans, de concert avec Hubertine, se sera fait nommer tuteur officieux, alors que la jeune fille n'aura pas eu encore 15 ans révolus. Le moment guetté. Et cinq ans après, lorsque Angélique aura 20 ans, il se propose de l'adopter par testament; même le testament est déjà fait. Tout cela avec le consentement de sa femme. Du reste, l'unique intérêt est que les Hubert soient

, maître, les père et mère d'Angélique au moment du mariage.
ne donnerai à Angélique que huit
au lorsqu'on la trouvera — Hubert
e fait donc nommer son tuteur
fficieux, pour être le maître et dans
'idée de l'adopter plus tard. Puis
e ne m'étends pas davantage sur
'adoption, puisque elle ne servira à
nir, l'enfant mourant.

Voici donc toute l'histoire. Nous sommes en 1850. Sidonie accouche, ne veut pas garder l'enfant, et envoie la sage-femme, une de ses amies alors, porter la petite aux Enfants Assistés. Par un tour. [Etaient-ils abolis?] La sage-femme, déclare père et mère inconnus, donne son nom pourtant, et laisse un signe : Angélique Marie ~~[illegible]~~ et la date 25 novembre 1850. ~~C~~ Cela est gravé grossièrement sur ~~les~~ les deux boucles d'oreille d'argent, des sortes de sequins. L'administration met l'enfant en nourrice jusqu'à ~~[illegible]~~ ~~[illegible]~~ 9 ans [ou la conserve] puis la retire et la donne à ~~[illegible]~~ [illegible] ans pour entrer en apprentissage chez des fleuristes. ~~La~~ La nourrice meurt, la femme qui s'est attachée à elle, ruinée, frappée par la mort de son mari, se retire à Hautecoeur chez ~~[illegible]~~ un frère et une belle sœur, fruitière, où

succombe à son tour. Et alors la
petite maltraitée, battue, injuriée, jetée
à la porte enfant. Les Hubert la recueille,
confuse, vont faire une déclaration
au juge de paix ou au maire (?) qui
se chargent de régulariser la situation.
L'administration de Paris sur les
bons rapports, consent à laisser ~~la~~
la petite chez les Hubert. Elle a alors
huit ~~neuf~~ ans et Hubert quarante-~~quatre~~ trois.
Plus tard, lorsque ~~elle la voit~~ tous deux
la voient si gentille et ~~e~~ se mettent
à l'aimer, lorsqu'elle devient leur
fille, ils s'inquiètent de savoir
s'ils ne peuvent pas l'adopter. Ce que
le juge de paix leur répond : l'adoption
n'est possible qu'à la majorité de
l'adopté, 25 ans. – Mais la tutelle officieuse
~~quelque peut~~ Hubert peut devenir tu-

teur officieux, dès qu'il aura 50 ans, et qu'Angélique n'en aura pas plus de 15 ; et il pourra [après cinq ans de tutelle officieuse] l'adopter par voie testamentaire (est-ce tout de suite?)

— Alors, avant la tutelle, les scrupules de Hubert. Le mari part pour Paris, préoccupé des boucles d'oreille. Il va à l'administration, expose ce qu'il veut faire, et obtient le nom de la sage femme. Il la retrouve ; mais elle est fâchée ~~pa~~ avec Sidonie, et les abominables renseignements qu'elle donne. C'est bon, ~~Hubert rentre~~ la mère est désormais morte, Hubert retourne à Hautecœur ; et, ~~[illegible]~~ il devient tuteur officieux, par devant le notaire du domicile de l'enfant, qui dressera procès verbal des demandes et [Hubertine] consentements. Dès lors, c'est le tuteur qui autorise le mariage (?)

1

Abandon et Dépôt

En 1850, les <u>tours</u> existaient encore, (ils n'ont été supprimés qu'en 1860); mais, en même temps qu'eux, fonctionnaient les bureaux d'admission, seuls en ~~régime~~ usage aujourd'hui. Rien n'empêchait donc, le 25 novembre 1850, une sage-femme de présenter un nouveau-né à l'hospice des Enfants-Assistés à Paris, alors rue d'Enfer (aujourd'hui rue Denfert-Rochereau). Elle est reçue par un employé qui la questionne (le règlement l'y oblige, car l'Assistance publique ~~présente~~ tient à savoir si l'abandon est complet et définitif); mais elle ~~s'y~~ se refuse à faire connaître le nom de la mère (on ne lui demande même pas le nom du père). Néanmoins, elle donne des noms aux

adresse propre. On admet l'enfant. Dans l'hypothèse du roman, l'enfant est sans doute apporté à l'hospice aussitôt après l'accouchement de la mère, sans que sa naissance soit, au préalable, déclarée à la mairie du domicile de celle-ci; la sage-femme interrogée, peut, d'ailleurs, déclarer que cette formalité n'a pas eu lieu. L'enfant est, ~~dont~~ en conséquence, inscrit à l'état-civil de la situation de l'hospice; l'administration lui donne des prénoms et le fait baptiser. Note est prise, également, des signes que porte l'enfant: des boucles d'oreilles, dans l'espèce.

Envoi en nourrice

L'enfant une fois admis, reste à l'hospice pendant quelques jours seulement, en attendant son envoi une nourrice, à la campagne.

L'administration de l'Assistance Publique place les enfants abandonnés de préférence dans le centre de la France (Nièvre - Morvan), chez des paysans. Tous les mois, des convois de nourrices arrivent du pays et emmènent les nourrissons qui leur sont confiés. Les enfants, théoriquement, doivent rester chez les nourriciers jusqu'à 21 ans. L'administration s'efforce, en effet, de leur créer une véritable famille, ils appellent généralement les nourriciers *papa* & *maman*. L'Assistance Publique alloue à ceux-ci des indemnités mensuelles qui en 1850, variaient de 12 à 15 francs. Ces indemnités, qui sont touchées, par l'intermédiaire des percepteurs, décroissent à mesure

4

que l'enfant avance en âge et cessent quand il a atteint 12 ans, époque à laquelle il est censé pouvoir rendre aux nourriciers des services qui compensent les frais de son entretien.
Au village, les enfants doivent être envoyés à l'École, qui, en 1850, et bien longtemps après encore, était gratuite pour eux.
Au départ de l'hospice, la nourrice reçoit un livret relatant le numéro matricule, les nom, âge et date de placement de l'enfant, les nom et domicile du dépositaire, ses obligations et ses droits; deux tableaux destinés à constater, l'un les paiements, et l'autre la délivrance des habits (fournis par l'Assistance publique); et, enfin, la formule des certificats de vaccination et de décès.

Le livret doit être présenté, dès l'arrivée de l'enfant, au maire de la commune qui y appose son visa.

L'enfant gardera ses boucles d'oreilles.

En principe, l'enfant ne doit jamais revenir à Paris, à l'hospice des Enfants-Assistés; il n'est fait exception à cette règle qu'en cas de maladie rendant tout travail impossible.

Apprentissage à Paris.

La petite fille restera donc à la campagne jusqu'à l'âge de 7 ans; elle ira un peu à l'école, gardera les dindons ou les chèvres, etc. — Malgré le principe que les enfants restent à la campagne, chez leurs nourriciers, jusqu'à 13 ans, on peut supposer, pour les besoins du roman — (le cas ne serait pas sans précédents) — qu'au moment où l'enfant atteint ses 7 ans, une fleuriste

6/ 172

de Paris vivant dans la Nièvre, …
des parents ou amis, nourriciers de la
petite fille. Elle voit l'enfant, s'…
che à elle, et demande à l'emmener à
Paris, comme apprentie. Elle s'ad…
pour cela à l'inspecteur des Enfan…
assistés qui réside dans les envir…
(les villages où habitent les nourri…
sont groupés, administrativement, en
circonscriptions, surveillées par un …
pecteur, qui, dans le centre de la
France, portait, ces derniers temps
encore, le nom de préposé (exp…
sion technique, paraît-il). Le p…
posé prend ses renseignements, …
reconnaît qu'on peut confier l…
fant à la fleuriste et à son mari; …
Ceux-ci lui remettent une demande …
cette demande qui est transmise, par leurs soins, avec avis favorab…

au Directeur de l'Assistance Publique,
à Paris, qui autorise le déplacement
à titre <u>exceptionnel</u>.

L'enfant est ramenée à Paris, y est
quelque temps chez les fleuristes, puis
le ménage retourne en province
nord. On peut supposer ici que l'Assistance Publique n'a pas été avertie
de son départ et a perdu la trace de
l'enfant. Ceci admis, toutes les hypo-
thèses demeurent probables : la jeune fille
tombe ~~chez d'autres gens~~ dans un autre ménage, y est maltraitée par eux, s'enfuit et est ramassée par
de braves gens, sur la voie publique.
Les braves gens désirent faire régulariser la situation ; on pourra supposer
qu'à travers toutes ses pérégrinations
la petite fille a conservé le livret
dont il a été question plus haut.

abandon par
ité de sieur
les fleuristes_
et 3e ménage.

8/

Elle le remet, à ses nouveaux protec-
teurs, et ceux-ci, de concert avec le maire,
le curé du village, le juge de paix
du canton, etc. (sans que ces interven-
tions soient, administrativement, indis-
pensables) qui donnent sur eux les meilleurs
renseignements, écrivent à Paris au
Directeur de l'Assistance Publique. L'enfant
est reconnue, grâce aux indications du
livret, et le Directeur accorde aux nou-
[veaux] l'autorisation de se substituer aux pro-
[tecteurs] et de conserver la jeune fille à titre d'apprentie bouchère. (Tout cela assez ex-
ceptionnel encore, mais possible).

Tutelle officieuse

En 1865, et avant que la jeune fille ait
15 ans, son patron, qui en a 50, veut
l'adopter, et apprend que la chose n'est
pas possible en raison de la minorité
de la jeune fille. Le juge de paix, qui

9

interroge, lui suggère l'idée de la tutelle officieuse. Mais le patron, avant de prendre un parti, veut avoir le cœur net sur la situation de la jeune fille. Il vient donc à Paris et s'adresse, non à l'hospice des Enfants-Assistés, mais au siège de l'Assistance publique, où sont centralisés tous les renseignements sur les enfants. (Ces renseignements, l'Assistance publique, paraît-il, ne les donne pas facilement ; l'abandon est présumé complet dès le début, et l'administration n'aime pas à le voir remettre en question), le brodeur insiste et il finit par avoir le nom de la sage-femme. Il va la voir et se met en instance pour être nommé tuteur officieux. Ici, encore, il s'adresse au Directeur de l'Assistance Pu-

Renseignements pris par le futur tuteur officieux —

10

Formalités pour arriver à la tutelle officieuse.

blique, qui, après enquête admi-
nistrative, consent à la chose. Les
formalités qui suivent sont alors
remplies par l'assistance publique.
Cette administration adresse le dossier de l'affaire au juge de paix du
4e arrondissement (~~c'était~~ le siège
central de l'Assistance publique était autrefois avenue
Victoria, dans le 4e arrondissement.)

déjà en 1865.

Le dossier comprend notamment :
1° la demande du futur tuteur officieux ;
2° l'acte de naissance de l'enfant (destiné
à établir qu'il a moins de 15 ans)
3° l'acte de naissance du tuteur (destiné
à établir que celui-ci a plus de 50
4° l'autorisation de sa femme (article
362 du Code
5° le consentement du Directeur de l'Assistance publique.

Le juge de paix dresse alors un

11

procès-verbal de ces demandes et consentements ; ~~et ce~~ procès-verbal qui devient
l'acte constitutif de la tutelle officieuse.
Le tuteur officieux est alors obligé
notamment, de par la loi, de nourrir
le pupille, de l'élever, et de le mettre
en état de gagner sa vie.

Mariage

La tutelle de l'Assistance publique
a pris fin ; elle a passé au tuteur
officieux ; mais le Directeur de l'Assistance publique, à Paris, demeure ~~est~~ tout à la
fois + le tuteur et le conseil de famille
des Enfants-assistés ; il n'a perdu
que la tutelle proprement dite, les
droits du conseil de famille lui sont
restés. quand même ~~Aussi~~, quand un an ou deux
après le commencement de la tutelle

+ à lui seul,

12

C'est Hubert qui
reglera tout ça ! en
dehors d'Angélique
et surtout de Hautecoeur.

officieuse, la jeune fille veut se
marier, elle doit obtenir le consentement
du Directeur de l'Assistance
Publique. Son tuteur officieux en
effet, s'il a d'autres devoirs, n'a
que les droits d'un tuteur ordinaire
or le tuteur ordinaire ne peut, de
sa propre autorité, consentir au
mariage de son pupille ; le conseil
de famille doit être consulté, et
nous venons de dire, qu'à Paris,
le Directeur de l'Assistance Publique
cumule les pouvoirs du tuteur et
du conseil de famille.

Note Supplémentaire.

Ainsi qu'on peut s'en convaincre par l'examen de la première page du livret, il n'y a pas place pour le nom de la sage-femme qui a déposé l'enfant aux Enfants-Assistés. A aucune époque, ni le nom, ni l'adresse de la sage-femme n'ont été indiqués aux nourriciers, pas plus qu'à l'enfant lui-même. L'Administration, par tous les moyens possibles, a toujours fait en sorte que l'enfant ne put jamais, avant sa majorité, être renseigné sur son origine.

Les noms des parents, quand même

ils sont légitimes, ne figurent
pas non plus sur le livret;
demeure donc impossible de savoir
grâce au seul livret, si l'enfant est légitime ou
naturel. {Il n'est pas dit non plus q[ue]
l'enfant est de père ou mère connus}

L'administration peut d'ailleurs
être parfaitement fixée sur les
~~dernier point~~ conditions, légitime
ou non, de son pupille. Ce ce[la]

Rectification d'un point des notes précédentes.

nous amène à rectifier une hypothèse
de notes précédentes. "L'enfant
avions-nous supposé, est appo[rté]
~~[illegible]~~ à l'hospice aussitôt après l'accouchement de la
mère, sans que sa naissance
ait été, au préalable, déclarée
à la mairie". Il résulte de
nouveaux renseignements recueillis
à l'Assistance Publique, qu'en 18[illegible]

l'enfant n'aurait pas, très-vrai-
semblablement, été reçu aux
Enfants-Assistés sans que la
sage-femme présentât un acte
de naissance. Le motif en est
qu'à ce moment, les tours fonctionnaient en même temps que
le bureau d'admission, seul en
vigueur aujourd'hui. Le tour, dans
l'idée de l'assistance publique, était
fait pour les enfants sur lesquels
on ne pouvait ou on ne voulait
donner aucun détail, mais
pour contrebalancer cette liberté
de se débarrasser des nouveau-nés,
on exigeait ~~un acte~~ divers documents ~~de dépôt~~, et notamment
un acte de naissance. Et ceci

personnes qui
adressaient au
bureau d'admission,

s'expliquent d'autant mieux qu'aux termes de l'article 56 du Code Civil, "la naissance de l'enfant sera déclarée par le père ou à défaut du père, par les docteurs en médecine ou en chirurgie, sages-femmes, etc. qui auront assisté à l'accouchement; et lorsque la mère sera accouchée hors de son domicile, par la personne chez qui elle sera accouchée."

L'administration aura donc un extrait de l'acte de naissance, lequel pourra d'ailleurs, ne pas contenir le nom de la mère, ni, bien entendu, celui du père; mais alors on ne pourra pas supposer qu'un extrait de cet acte de naissance soit joint au livret ; l'administration garde cet acte secret et ceci est tellement vrai;

qu'on peut lire à la page 49 du livret : "L'Administration ne délivre jamais d'actes de naissance à ses Élèves, mais seulement des certificats d'origine lorsqu'ils ont atteint leur majorité !"

De ce qui précède, il semble résulter qu'il serait absolument nécessaire que le brodeur s'adresse à l'Administration publique, le jour où il voudra avoir le nom de la sage-femme, et, ainsi qu'il a déjà été dit, il aura grand peine à obtenir ce renseignement. Il ne faudra ~~[illegible]~~, pour qu'on se décide à le lui donner, que l'on sache que son intention bien arrêtée de devenir le tuteur officieux de l'enfant.

23 Décembre 87

(S.G. N° 3.114)

(B N° 2)

Préfecture de la Seine

Cabinet
du Secrétaire Général

Le Secrétaire Général de la Préfecture
a l'honneur de transmettre à Monsieur

____

____

____

avec prière de vouloir bien lui fournir les
éléments d'une réponse.

Paris, le __________ 188__

Prière de renvoyer la pièce ci-jointe avec la note en réponse

La Religion

–

La Grâce

Renan : « Il n'y a point de miracles dans ce monde ; le monde ne présente point de fait particulier, révélant des volontés particulières ». L'opinion contraire ! nous vivons entourés de miracles, et les faits particuliers, contraires aux prétendues lois, nous débordent : phénomènes de magnétisme, d'hypnotisme, de vision à distance et de divination (+?)

Voila mon au-delà. Mais pour moi ce ne sont que des forces inconnues de la matière – Ceux qui trouvent folle cette conception d'un monde mécanique régi par des ordres fixes. Ils croient aux miracles.

La souffrance véritable est de savoir. Que l'on empêche l'humanité d'apprendre, et on l'empêchera de sentir la douleur.

La vie ne cesse d'être un mal que si elle apparaît un rêve volontaire, et si l'on perçoit ainsi l'unique et suprême joie de se sentir créateur.

Les doctrines qui nient la réalité du monde extérieur

L. W.

Il me semble que je n'ai pas tout dit sur la religion. Par exemple, dans Angélique j'étudie un rejet des Rougon-Macquart (passion, orgueil) transplanté dans un milieu particulier ~~[illegible]~~ de devoir et de soumission qui le transforme. C'est donc, pour en rester à mon idée philosophique générale, une influence du milieu qui agit sur l'hérédité. C'est l'hérédité des Rougon-Macquart combattue et vaincue par le milieu des Hautecœur et des Hubert. Que devient là-dedans le libre-arbitre ? Je continue à le nier, à dire que ~~[illegible]~~ Angélique n'est pas libre,

puisqu'elle n'est ce qu'elle est que
par son transplantement. Si elle
se vainc dans la passion, si elle
reste humble et chaste, c'est parce
que le milieu l'a transformée,
lui a donné des armes. Ailleurs, elle
aurait cédé ; là, elle résiste. En al-
lant plus au fond, on pourrait
dire, il est vrai, que le milieu
n'a fait qu'éveiller sa volonté
du bien, la fortifier et la faire
agir. Mais je n'entrerai pas
dans les subtilités, je garderai les grandes
masses. — Surtout, il faut remarquer
que le milieu joue ici le rôle de la
grâce, dans la théologie : il fait la

grâce pour faire son salut, l'homme ne se sauve pas lui-même, si
Dieu ne lui accorde pas la grâce ;
et de même mes Rougon-Macquart
ne résistent pas à leur hérédité, si
le milieu ne vient la combattre. De
même que mon Serge se désespérait
lorsque la grâce l'abandonnait, il
faudrait donc qu'Angélique entrât
en angoisse dès qu'elle sentirait le
milieu ne plus influer, n'être pas
assez fort, disparaître. Ce milieu
est aussi fait des légendes qu'elle a
lues, de la foi qu'elle a bue dans cet
air, de l'au-delà dans lequel elle baigne,
de sa croyance aux miracles, du surnaturel en un mot. Tout cela est anti-
naturaliste. Je me rencontre avec les

chrétiens primitifs, Saint-Paul, Saint-Augustin, qui niait le libre arbitre de l'homme plus ou moins. L'hérédité c'est le péché originel d'Adam et d'Eve transmis à leurs descendants, et il n'y a plus que la grâce qui puisse le combattre, la grâce venue de Dieu, le *surnaturel*, la légende, la foi à la vie des saints et aux miracles. Donc, dans mon bouquin, tout l'au-delà, tout le surnaturel que je veux mettre dans le milieu, c'est à proprement parler *la grâce*, ce que Dieu envoie pour sauver mon héroïne; et si elle ne l'avait pas, elle ne se sauverait pas. Il faut donc faire d'Angélique une chrétienne primitive s'abandonnant aux mains de

Dieu, disant que sans lui elle ne serait rien, ayant la foi ~~[illegible]~~, la croyance des premiers siècles. Tout est ramené à l'enfance dans ce qu'elle pense et dans ce qu'elle fait. Art archaïque, etc. Toute entière enfoncée dans la Vie des Saints, comme vie morale. <u>Et tirer une grâce de la Grâce.</u> C'est le rêve aussi, elle est dans les extatiques, tout en l'air. Avec des subtilités pourtant.

Bien dire qu'en lisant la Vie des Saints, elle a vu qu'ils ne pouvaient rien pour le salut, si Dieu ne les butinait pas, ~~[illegible]~~ ne leur envoyait pas la grâce. Et c'est là que je la montre attendant tout ~~[illegible]~~ de la grâce, du miracle, du <u>surnaturel</u>

de la légende qui l'entoure. Cela me
sert à poser toute mon interpréta-
tion de la grâce qui est le milieu.
Ici seulement, l'explication devient
inutile, car dans mon idée le surnaturel du milieu est un effet
reflexe de l'imagination, de la rê-
verie d'Angélique. ~~lui~~ elle-même.
Dans ma série, je ne puis admettre
l'au delà, l'inconnu que comme
un effet de force qui sort en ~~[illegible]~~ nous,
dans la matière et que nous ne
connaissons pas, simplement. Il faudrait donc montrer comment Angélique, avec ses désirs ignorés, son imagination nourrie de légendes, sa puber-
té s'épanouissant dans l'ignorance
et dans le rêve, crée elle-même le
milieu, l'au delà, l'invisible,

qui agit ensuite sur elle-même, par
un effet de retour. C'est sur cela qu'il
faut insister, c'est ce mécanisme qu'il
faut montrer, sans fatigue. <u>De sorte</u>
que le milieu, la prétendue grâce venue
de Dieu, viendrait de l'homme
pour enrichir l'homme. Cela ren-
trerait dans la théorie qu'il n'y a
qu'illusion de voir sur, que nous créons
le monde, que <u>tout part de nous pour
revenir à nous</u>. Le rêve enfin. Et
ce serait élargir le livre à la fin
que de montrer aussi que tout est
un rêve, que chacun de nous n'est
qu'une apparence qui disparaît après
avoir créé une illusion. Il faudra
dire cela absolument, mais sans pédan-
tisme avec grâce. Je pourrai le dire
lorsque l'élision ne viendra plus rien entre

ses bras, Angélique morte ; ou plutôt, pour le dire avec détail.

Les Hubert avaient la foi tranquille et aveugle des humbles, sans raisonnement acceptant la tradition et s'y taillant une honnêteté : Hubert plus mystique et envolé, Hubertine plus pondérée et sage.

Félicien un artiste seulement. Élevé dans la religion, y croyant, mais emporté par l'art et par l'amour.

Angélique et les Hubert pratiquant sans bigoterie. La messe le dimanche, la communion aux grandes fêtes, cela un peu pour leur clientèle, et beaucoup par habitude, par tradition.

la question dépouillée du fatras théologique

La grâce. — L'homme est-il libre et dans quelle mesure? Peut-il accomplir le bien comme le mal, par la seule force de sa volonté? ou si, contrairement au principe du libre arbitre, la grâce est nécessaire pour justifier les actes de l'homme; que si elle est même irrésistible, selon l'opinion de quelques docteurs, nous voilà retombés dans le fatalisme oriental, qui enlève à l'homme, d'un seul coup, toute liberté, toute dignité et toute responsabilité. — Le dogme d'une providence active et sans cesse intervenante, faisait tout le fond de la doctrine chrétienne, au commencement de l'Eglise.

Grâce suffisante, possibilité de faire le bien, sans la nécessité d'y obéir. Grâce efficace, pouvoir de faire le bien et de s'y conformer toujours et infailliblement.

C'est par la grâce que vous êtes sauvés, et cela ne vient pas de vous, puisque c'est un don de Dieu (St Paul.) Cela dominait chez les chrétiens primitifs. Pélage entreprit de réhabiliter la liberté humaine, contre la grâce (fin du IVe.) Libre arbitre aussi parfait en nous que chez Adam avant la chute. [avant le péché. Le péché d'Adam et d'Ève nuisible seulement à eux-mêmes.] Par ses seules forces, on peut vivre sans péché et sans éprouver les mouvements déréglés d'aucune passion. C'était dépouiller le christianisme du surnaturel, il devenait une philosophie comme une autre. Saint Augustin réfuta Pélage. Le concile d'Éphèse condamna la doctrine pélagienne ; mais tant d'attraits pour les esprits logiques, la raison, qu'il en fallut 22 autres pour l'étouffer — Doctrine orthodoxe, 6 conclusions sur l'homme ne peut absolument rien connaître, vouloir ou faire, dans l'ordre du salut, sans une grâce intérieure et surnaturelle. 2° l'homme peut résister à la grâce efficace (volonté du mal.) etc, etc. — Saint Thomas traita la question sans rien élucider. — Or l'homme est libre de résister à la grâce, et, dans ce cas, à quoi sert la grâce? ou bien il y obéit nécessairement, et alors que devient le mérite de ses œuvres? — La question, réveillée lors de la réforme, devient le grand champ de bataille des docteurs modernes. Inconséquent, le protestantisme se rendit sur l'efficacité de la grâce. —

Saint Thomas et (fin du XVI) Molina. —

Les thomistes, la grâce prémotion physique, parce qu'elle met en mouvement la volonté

et la détermine d'une manière nécessaire.
Les Molinistes (Molina jésuite) la grâce n'est pas efficace et ne vaut qu'autant que la volonté y acquiesce. Les molinistes renvoyaient les thomistes à l'école de Calvin, et ceux-ci ~~ceux~~ ceux-là à Pélage.

Les Jansénistes succédèrent aux thomistes. L'homme fait <u>nécessairement</u>, quoique volontairement, sous l'impulsion de la grâce ou de la concupiscence, le bien et le mal, selon qu'il est dominé par l'un ou par l'autre. Malebranche contre les miracles, <u>la question des miracles</u>.

Extrême onction

Profession

Mariage.

Tous se couvrent, sauf porte-croix, acolytes et thuriféraires

La croix, par sous diacre en tunique,

entre deux acolytes portant des cierges 202

Cérémoniaire abbé Cornille.

les chanoines [illegible] droite, [illegible] gauche

Tout le clergé en surplis, couvert de la barrette les moins dignes les premiers

4 autres [illegible] mains sur la poitrine

Les chantres en surplis. Coupler St Sacrement

Les thuriféraires devant le dais avec la navette et l'encensoir (préparant le chemin par la bonne odeur de l'encens.

Les Séminaires en pluviaux

Les confréries, bannières et croix

Dais à six ou huit bâtons

Soleil d'or pour le St Sacrement

Voile ou écharpe pour les épaules de l'évêque avec l'évêque et, un prêtre assistant et 2 diacres d'honneur. Il récite avec ses diacres à voix basse, alternativement des psaumes et des hymnes

Médan 15 juin 87

Cher monsieur Poisson,

Je ne puis malheureusemen
demander à Charpentier le don
complet d'une série de mes ou

Procession — La croix devant la procession, entre les deux acolytes, par un sous diacre, revêtu de la tunique sans manipule, le crucifix le dos tourné au clergé. Quand le clergé s'avance, le crucifix tourné vers le clergé. — Après la croix tout le clergé revêtu de surplis, couvert de la barrette, les mains devant les premiers, sans parler, absorbé. — Le thuriféraire marche devant la croix (le dais) avec la navette et l'encensoir fumant, comme lui préparant le chemin par la bonne odeur de l'encens.

— Le cérémoniaire (l'abbé Cornuché) derrière la croix, il va dans tous les rangs, le long. Les chantres en surplis vers le milieu du clergé.

— La couleur des ornements conforme à la fête. — Blanc pour action de grâce, couleur du sainte Agnès blanc. — Les cierges, côté droit de la main droite, côté gauche de la main gauche, l'autre main sur la poitrine.

1° Les confrères de la Ligue (ordre d'ancienneté), 2° ordres religieux par ancienneté, 3° le clergé du séminaire, des églises paroissiales et religieuses, de la cathédrale, et le peuple, ensuite les femmes séparées des hommes. Les prélats suivent immédiatement l'officiant —

L'officiant revêtu d'une chape — Sortie de l'église tous se couvrent, excepté le thuriféraire, le porte-croix et les acolytes —

Si le Saint Sacrement est exposé, on chante à genoux l'antienne et le verset du Saint Sacrement, puis l'officiant dit l'oraison du Saint Sacrement — Au retour, tous font la même révérence à l'autel qu'au départ et reprennent leur place dans le chœur —

Si l'officiant a porté le Saint Sacrement la bénédiction, et alors tout le clergé à genoux — Le thuriféraire, le porte croix et les acolytes devant le milieu de l'autel. L'hymne étant achevée chantée avec le verset, l'officiant dit debout, les mains jointes l'oraison. —

Pendant la procession on chante des antiennes, des hymnes, des psaumes, des cantiques ou des litanies, selon le Rituel. Les chantres commencent les antiennes et les répons, et le clergé les continue. Les versets ~~et les~~ des répons par les chantres seuls. — Quand on porte des [par un ou deux] saints, flambeaux [illegible] allumés (— Dans les litanies : A peste et fame libera nos, Domine — ℣ Domine, exaudi orationem meam, ℟ Et clamor meus ad te veniat — Oratio. Da nobis, quaesumus, Domine, piae petitionis effectum, et pestilentiam mortalitatemque propitiatus averte, ut mortalium corda cognoscant a te indignante talia flagella prodire, et te miserante cessare. Per Dominum nostrum Jesum Christum. Pour ~~act~~ action de grâce le cantique de Zacharie : 1er verset Benedictus Dominus Deus Israël, quia visitavit, et fecit redemptionem plebis suae... et le dernier Illuminare his qui in tenebris et in umbra mortis sedent, ad dirigendos pedes nostros in viam pacis.

Evêque. Amyct couronné à la tête, habits violets en laine. La mosette violette sur le rochet. (La mitre, fanon avec franges.) — Siège de l'évêque, à gauche, trois degrés —

La procession avec l'évêque. Le maître de cérémonies fait savoir où la procession doit passer, pour que les rues soient balayées, semées de fleurs et de rameaux, les murailles tapissées et ornées de tableaux — Autels ou reposoirs, cierges blancs allumés — les confréries et communautés religieuses, églises paroissiales et collégiales chacune selon son rang. Un rôle dressé pour que chacun soit à sa place. L'heure assignée pour se rendre à l'église cathédrale. ~~Rassemblement~~ Rendez-vous dans l'église ou de paroisse ou sur la place, avec

bannières et croix, flambeaux et cierges.
Dais à six ou huit bâtons pour
le porter. Le sacristain mettra sur la
crédence tout ce qu'il faut pour la
messe pontificale ou solennelle. Un soleil
d'or pour y mettre le saint-sacrement
et être porté à la procession — Deux
encensoirs et deux navettes et de l'encens —
Un grand voile ou écharpe pour mettre
sur les épaules de l'évêque lorsqu'il
porte le saint sacrement ; des flambeaux
et des cierges blancs en nombre pour
le chœur clergé, et plusieurs pour les Ma-
riniers — La messe pontificale, l'évêque
prend ses ornements pontificaux en
son siège ayant auprès de lui un prêtre
assistant et deux diacres d'honneur. Il
assiste à la messe dite par le plus digne
chanoine. Quand le célébrant a communié
et mis l'hostie consacrée dans le soleil d'or,

les chanoines prennent en leur place les pluviaux ; le prêtre assistant prend le pluvial sur le surplis, les 2 diacres d'honneur l'amict, l'aube, la ceinture et la dalmatique – La messe dite et l'évêque ayant béni, le célébrant va prendre le pluvial sur le surplis – 2 acolytes portant l'encensoir et la navette s'approchent de l'évêque encore à sa chaire, et l'évêque met de l'encens sans bénir – L'évêque tous restent debout, avec ses 2 diacres d'honneur, le prêtre assistant présente l'encensoir à l'évêque qui encense – On met l'écharpe les prêtres assistants sur les épaules du célébrant (avec des épingles). Le 1er diacre ~~[illegible]~~ monte prendre le saint sacrement le porte à l'évêque, en sorte qu'il le tienne exposé devant soi (les chantres chantant Pange, lingua)

L'évêque va se mettre sous le dais
les gens qui le portent, laïques, ma-
gistrats ou autres, ne le prennent qu'à
la porte de l'église. Durant la procession, l'évêque récite des psaumes &
des hymnes, alternativement avec
diacres à voix basse, et le clergé
chante des hymnes Pange lingua
et autres. Ordre: confréries des laïques
après les religieux, ensuite le clergé qui
un sous diacre portant la croix de la
cathédrale, entre 2 acolytes portant des
chandeliers avec cierges allumés.
les 8 degrés du séminaire en surplis
les curés des paroisses en surplis,
les chanoines et autres ecclésiastiques
des églises collégiales, les clercs et les bénéfi-
ciaires de l'église cathédrale. enfin
les chanoines de la cathédrale, revêtus

et deux plus vieux blancs tous avec un
cierge, en dehors du rang. — ~~Le chapelain qui~~ Le chapelain qui a soin de
la crosse marchera devant le dais et
la portera des deux mains un peu
élevée, la partie courbe vers lui. —
Huit chapelains en surplis portant
chacun un flambeau, quatre de chaque
côté. 2 acolytes avec un encensoir
encensant continuellement le saint
sacrement. — L'évêque en tête portant le saint sacrement sous le dais
entre les 2 diacres d'honneur. —
Après le dais, le chapelain qui a
soin de la mitre, en surplis, ayant
un voile ou une écharpe sur les é-
paules pour porter la mitre sans
la toucher. ~~Au~~ Derrière des laïques portant des flambeaux ou des cierges.

Reposoir le saint sacrement
posé l'encensant à genoux et en
l'y mettant et avant de le reprendre
sur le reposoir qu'il veut —
Rentrée dans l'église les maîtres
de cérémonies, cérémoniaires font
ranger ceux qui rentrent et tous se
mettent à genoux sans s'étendre, les
cierges brûlent pendant la bénédiction —
les laïques plus près de la porte
puis les religieux, puis le clergé
et les chanoines — les chapelains et les
acolytes avec encensoirs, à droite
et à gauche de l'autel. L'évêque
entre dans l'église sous le dais, jusqu'au balustre. L'évêque monte les
degrés de l'autel, et demeure
droit, le 1er diacre, à genoux sur le
marchepied de l'autel reçoit le St Sa-

des mains de l'evêque et le met sur
l'autel. Genuflexion et revient près
de l'evêque qui s'est agenouillé sur
un carreau. Les chantres et le
choeur chantent Tantum ergo
Sacramentum. L'evêque se lève
et le prêtre assistant s'approche, après
avoir reçu la navette de l'acolyte,
présente la cuiller à l'evêque qui
met l'encens dans un des encensoirs
et à genoux encense le sacrement
de 3 coups. Deux enfants de choeur
debout près de l'autel chantent la
voix et Panem de coelo et le choeur
répond Omne, etc. L'evêque se
lève et l'oraison finie monte à
l'autel. Les deux diacres d'honneur
lui élèvent son aube. L'evêque prend le
St S. des 2 mains, de la droite le nœud
de la gauche le pied. Il tourne le soleil

puis vers le peuple, et fait trois fois
le signe de la croix vers le peuple,
à sa gauche, devant lui et à sa droite,
sans rien dire, et se retourne vers
l'Evangile, faisant le tour entier
les diacres élevé le pluvial de chaque
côté, quand l'évêque donne la bénédiction. — ~~Un~~ L'évêque revient à genoux,
un chanoine reprend le St Sacr. et
le remet sur l'autel. — Si le St Sacrement reste exposé, l'évêque s'étant
levé fait la génuflexion avec ses assistants, et sortant hors du balust.
prend la mitre et retourne à la
sacristie, les thuriféraires marchant
les premiers, puis les acolytes des chandeliers, l'évêque entre ses 2 diacres,
et ~~...~~ d'honneur, et ensuite le prêtre
assistant.

la mettre sur la poitrine en disant : Humilia corpus tuum et animam tuam in cinere et cilicio, in nomine Patris et Filii, et Spiritus Sancti. Après quoi si la santé le permet et s'il n'a pas été dit les sept psaumes de la pénitence et les litanies marquées dans les rituels. Le prêtre lave ses mains, s'approche et tenant le vaisseau des saintes huiles de la main gauche, il prend de la main droite le bâton qui sert à en faire l'application le trempe dans le vaisseau et fait les onctions aux sept endroits : œil droit, œil gauche, paupières fermées, aux deux oreilles, aux deux narines, à la bouche fermée, sur la lèvre inférieure, à la poitrine, au dessous des reins et au dessus des pieds, toujours par la droite, ensuite à gauche, le clerc tenant le manuel, et un autre [illegible] cierge. – Aux femmes l'onction au bas du cou, au commencement de la poitrine. – On brule le coton – après les onctions le prêtre lave ses mains et jette l'eau au feu – Prières et bénédiction avant de sortir de la chambre, bénédiction avec la main

Explication. L'huile : adoucir, pénétrer nourrir, fortifier et échauffer.

En entrant l'eau bénite : pour éloigner les malins esprits

Le cierge et la croix (ancienne) pour la pénitence – Les litanies des saints pour qu'ils veuillent assister le mourant

Les onctions aux sens : parce qu'ils sont d'ordinaire les instruments par lesquels nous péchons, la mort entre dit-on par les fenêtres de l'âme, les sens

Aux yeux, pour reposer les péchés commis par la vue, les regards lascifs, les curiosités, les vanités, les mauvaises lectures, les larmes répandues pour des riens, le désir accordé aux biens de la terre. — Aux oreilles les péchés commis par l'ouïe, médisances, paroles déshonnêtes, mauvais rapports, musiques ou chansons mauvaises. — Aux narines péchés de l'odorat non seulement extérieur et corporel comme les parfums, les senteurs, les fleurs, mais aussi l'odorat intérieur, péchés de scandale, mauvais exemples. — A la bouche péché du goût, gourmandises, le péché de la langue, université de tous les maux, médisances, injures, calomnies, mensonges, blasphèmes. — Aux mains les péchés du toucher, larcins, rapines, batteries, meurtres. La poitrine, les ambition, la colère, les envies, les affections déréglées. Aux vices péchés de la puissance motive, les démarches extérieures criminelles, les mauvais lieux où l'on est allé, les promenades vaines — Aux reins les mouvements déréglés où la chair et l'ardeur de la concupiscence.

Les onctions en forme de croix.
On présente un crucifix au malade
Un cierge dans la main des mourants après l'extrême onction et montrer qu'il a gardé l'innocence baptismale
Pour chasser les démons et les esprits de la nuit, en disant : Accipe lampadem ardentem, custodi unctionem tuam, ut cum Dominus ad judicandum venerit, possis occurrere ei cum omnibus sanctis et vivas in saecula saeculorum. Amen. Pour délivrer

qu'il veut mourir en la lumière de la foi. —

La confession (?) et les péchés pas absolument nécessaire. Au moins aux cinq sens

per visum, auditum, odoratum, gustum et tactum — La rémission des péchés ou plutôt les restes des péchés Angélique n'en a pas. Ignorance cause de tout ce qu'elle ou tout ce qu'on lui reproche. Tous les péchés mortels ou véniels, non pardonnés qui restent dans l'âme après les autres sacrements reçus. Péchés où l'on est tombé sans le savoir, autrement mis en mauvais état sans le savoir. Ou encore faiblesse, langueur de l'âme qui n'a pas permis de se restituer (?) pro-vivement en la grâce de Dieu.

une personne qui ne tient plus au monde, pensez à l'éternité. Mon père que votre volonté soit faite et non la mienne. Jetez vous avec amour entre les bras de votre Rédempteur, il vous les tend pour vous consoler, pour vous protéger et pour vous recevoir à la fin de votre vie dans le séjour de sa gloire, si vous mourez dans sa charité. — Encore baiser la Croix.

Pax huic domui R) Et omnibus habitantibus in ea. Plus loin Adjutorium nostrum in nomine Domini. R Qui ~~[illegible]~~ fecit caelum et terram. — Oremus Introeat, Domine Jesu Christe, domum hanc sub nostrae humilitatis ingressu. — Visum, auditum, odoratum, gustum, tactum (au pieds) quidquid per gressum deliquisti — aux reins per lumborum delectationem. — Après Kyrie eleison. ~~[illegible]~~ Christe eleison. Kyrie eleison. Pater noster etc — Oremus. Domine Deus qui per apostolum tuum Jacobum locutus est — Le début donné au malade, avec le cierge. (Lorenzi)

Le titre / très blanc. L'encens et pelisson.
~~[illegible]~~ Le drap a une / croix sans / galon / blanc
avec oignon / Pas de clochette. / Crucifix [illegible]

baiser au malade en arrivant. Eau bénite
sur le malade après : Asperges me, Domine,
hyssopo, et mundabor ; lavabis me, et su-
per nivem dealbabor. Demande de confesse
s'il n'a rien sur la conscience qui lui fasse
de la peine. Lecture de l'Angélique. Exhortation
Vos yeux deviendront purs, vos oreilles chastes,
votre bouche sainte, vos mains innocentes.
Demandez pardon à Dieu. L'état d'abatte-
ment où vous êtes, le sacrement va vous
purifier et vous conserver de nouveau
les Oremus. Introïbo, etc. Le malade
le Confiteor ou le prêtre. Le prêtre
se sert du pouce et non d'un bâton
si c'est un prêtre qui assiste le
prêtre il essuie, un peloton à chaque onction
dans le coton et brûle. Aux oreilles, la partie
inférieure. On frotte le pouce et les
doigts qui ont touché, avec de la mie de pain
tout dans le feu. Oremus, s'il se connaît
et encore une exhortation. Regardez vous-même

Les onctions aux cinq parties du corps que la nature a donnés à l'homme comme les organes des sensations : yeux, oreilles, narines, bouche et en dedans mains — Les pieds et les reins peuvent en recevoir aussi — Aux parties doubles, la formule sur les deux.

Formule : Per istam sanctam unctionem et suam piissimam misericordiam indulgeat tibi Dominus quidquid per visum deliquisti — per visum, auditum, odoratum, gustum, tactum

les onctions en forme de croix
Œil droit, oeil gauche, paupières fermées, aux deux le lobe oreilles, aux deux narines, à la bouche, fermée, sur la lèvre inférieure, au dedans des mains (il fait les ouvrir) toujours par la droite — L'abbé essuie, tenant un cierge. Chaque peloton est mis dans un cornet et brûlé. ~~Après un cierge dans la main du malade~~

Le prêtre se lave les mains. L'eau dans le feu. Un oremus et une seconde exhortation 11. — Enfin prières et bénédictions avant de partir avant de s'en aller, ~~...~~ il fait encore baiser la croix au malade.

Après les onctions, un cierge dans la main du malade pour chasser les démons et les esprits de la nuit et montrer qu'il a gardé l'innocence baptismale, le prêtre dit : Accipe lampadem ardentem, custodi unctionem tuam, ut cum Dominus ad judicandum venerit, possis occurrere ei cum omnibus sanctis et vivas in sæcula sæculorum. Amen. (Dans le rituel)

La chambre. Table avec nappe, crucifix deux
flambeaux avec cierges allumés – Flocons ou pelotons et cornets
de papier dans des plats. Eau bénite et aspersoir
Feu dans le poêle – Aiguière avec eau et serviette

L'Evêque et l'abbé Cornille avec un crucifix
et le rituel sous le bras – L'évêque rochet et
étole violette. Vaisseau d'argent, vase, avec les
saintes huiles – huit psaumes de la pénitence, de
l'église à la maison; mais on n'a pas eu le
temps.

En entrant Pax huic domui, etc. L'évêque
pose les huiles sur la table en faisant le signe
d'abord on lui fait baiser le crucifix
de croix avec le [illegible] jette de l'eau bénite au malade
voir les paroles pour l'eau bénite
puis aux assistants (Félicité Hippolyte toujours
~~Enfant baiser le crucifix au malade~~
en mémoire et mieux. Debout devant la table,
dit l'oraison Exaudi nos... demande au
s'il n'a rien sur la conscience qui lui fasse de la
malade s'il n'a pas besoin de se confesser
peine – l'exhortation, paroles 11
Fait réciter le symbole au malade ou le récite
Avant le Confiteor, l'oremus Introeat
– Après viennent les sept psaumes s'ils
n'ont pas été dits ainsi que les litanies,
(toutes les oraisons 10)

marquées dans le rituel. — Il lave ses mains, s'approche et tenant le vaisseau fait les onctions avec le pouce.

Les explications (6) l'huile, l'eau bénite. les onctions

Les onctions sont pour la rémission des péchés ou plutôt les restes des péchés. Angélique n'en a pas. Prendre les explications de chaque onction (6) et donner de la grandeur à cela. Trouve cachée de ce qu'elle est et de tout ce qu'on lui reproche. L'extrême onction efface tous les péchés mortels ou véniels, non pardonnés, qui restent dans l'âme, après les autres sacrements remplis ou l'on est tombé sans le savoir. Faiblesse, langueur de l'âme qui n'a pas permis de se rétablir fermement en la grâce de Dieu

Extrême-onction

Médecine céleste, instituée par N. S. J. C.
utile à l'âme et même au corps
si le temps et l'état du malade le permettent elle doit être précédée de la
pénitence et du sacrement de l'Eucharistie
Dans un vase d'argent l'huile des infirmes que l'évêque bénit le jeudi saint.
L'huile seule, ou avec du coton, pour
qu'elle ne se renverse pas, en la portant
Angélique la demanda en se voyant
en danger. Si le malade est en ~~état~~
danger de mort, si l'on craint qu'il
ne meure avant qu'on ait achevé
les onctions on les commence ~~[illegible]~~ de
suite à cet endroit Per istam ~~[illegible]~~
sanctam unctionem, et l'on ait

ensuite les oraisons, s'il survit. Il
faut que Angélique ait commencé
la veille, par l'abbé Cornille le saint viatique, après
s'être confessée, et Monseigneur
apporte le lendemain l'huile sainte,
l'état ayant empiré (voir où on a
fait, ou craint qu'elle ne meure,
en hâte, les onctions aux cinq
parties du corps que la nature a
donné à l'homme comme les
organes des sensations : yeux, oreilles
narines, bouche et mains ; les
pieds et les reins peuvent en recevoir
aussi ; mais par décence on omet
les reins chez les femmes. Les prêtres
suivent l'onction des mains en
dehors les autres en dedans. En faisant
les onctions aux yeux, oreilles et parties

du corps dont le prêtre ne doit pas achever la formule avant d'avoir fait les deux onctions.

Formule Per istam sanctam unctionem et suam piissimam misericordiam indulgeat tibi Dominus quidquid per visum sive per auditum, etc, deliquisti.

La chambre du malade. Une table couverte d'une nappe bien blanche, sur laquelle un crucifix, 2 chandeliers et deux cierges allumés, de l'eau bénite un aspersoir, 7 plats dans l'un du coton blanc, dans l'autre des cornet de papier blanc pour mettre les flocons à mesure qu'on essuie, une aiguière d'eau dans un bassin, avec une serviette dessus. Du feu au foyer pour brûler les flocons. — Le prêtre ~~[illegible]~~

amène au moins un clerc avec lui, le clerc porte une croix dans sa main droite, le Rituel sous le bras, tandis que lui en surplis et étole violette, porte le vaisseau des saintes huiles. On sonne une clochette. On porte le vaisseau couvert de soie violette. ~~Que~~ Au sortir de l'église, on commence les sept psaumes de la pénitence jusqu'à ce qu'on soit en sa chambre. En entrant Pax huic domui, pose les saintes huiles sur la table, formant le signe de croix avec le vase, jette de l'eau bénite au malade, puis aux assistants. Debout devant la table dit l'oraison Exaudi nos. Demande au malade s'il n'a pas besoin de se réconcilier. Il fait réciter le symbole du malade ou le récite. Lui met sur la tête un cilice en forme de croix étole

Procession
Extrême onction
Messe de mariage

Entrevue ou
— homélie

Encyclopédie théologique
Migne.
Dictionnaire des cérémonies & des rites sacrés
par M. l'abbé Boissonnet
en 3 vol.
D.402 Dcc 15

230

Migne-Encyclopédie théolog.

Dictionnaire des cérémonies et des rites sacrés

M. l'abbé Boissonnet
en 3 volumes

D. 402 Dcc 15.

~~voir [illegible]~~

~~Moretti~~ Réserve
H. 279.

Légende dorée 1549

Légende de la Conception de la Vierge.

Extrême onction, paroles

symboles, symbolisme

Chasuble

Ornements sacrés. Vêtements

Évêque

Procession

Dais

Intérieur dans les églises

Chape

Rochet 20 à 150

Broderie

Orfèvrerie v. 2 K. 225

Rubrique

Mosette

Voir Saint-Germain des prés —
Une chapelle, ~~[illegible]~~ la fenêtre, l'intérieur
les colonnes, les nefs, et les arcs-boutants

Un évêque peut-il avoir son
blason dans l'église ? à l'évêché ?

L'évêque (60) et son fils (20). [illegible]

~~Une chapelle de Saint-Germain des~~ Prés

Enterrait-on encore dans les églises en 48.

~~L'extrême onction~~ paroles.

Ornements sacrés, symbolisme.

Une grande messe de mariage

Peintre verrier ouvrier primitif.

Un dominicain peut-il être évêque? ou quel l'ordre

~~L'histoire complète~~ -

Date du gothique.
Date du démantèlement de Pierrefonds.
A quelle époque les Cambrai et les toiles fines
Quels moines à Beaumont?
Puissants pour élever église.
Qu'étaient les moines de Cluny?
Sont-ils possible pour de Laon?
Qu'est-ce une église abbatiale?
Est-ce un clocher qu'il me faut (1130 - 1225 - 1430) -

Paris 3 mars 1888.

Mon cher Zola,

Aucune règle canonique n'empêche les évêques, ayant des enfants d'habiter avec eux dans le local même de l'évêché. Aux premiers siècles, beaucoup d'évêques étaient mariés, tels Saint Germain d'Auxerre et Saint Apollinaire, et leurs femmes et leurs enfants n'habitaient point un autre domicile que le palais épiscopal. Récemment encore, le curé de Saint Jean Saint François, rue du Perche, à Paris, avait, chez lui, ses deux filles.

Pour les cérémonies, voici ce qui se passe. Quand l'évêque

point noble, on lui fabrique un écu lequel est surmonté de la mitre posée de front à dextre et, à senestre, la crosse tournée en dehors; et surmontant le tout un chapeau vert à trois rangs de houppes six de chaque côté, rangées 1, 2 et 3.

Quand l'évêque est de famille noble il entoure son écu personnel qu'il surmonte du chapeau vert tel qu'il est décrit plus haut. Cet écu il le met partout où il le veut, son argenterie, ses livres, ses voitures. et il figure toujours dans les broderies du dais surmontant le fauteuil épiscopal.

Selon les renseignements de l'abbé Valentin Dufour

d'une part ; de l'autre, de la méthode de blason du père Ménétrier, ouvrage qui fait autorité.

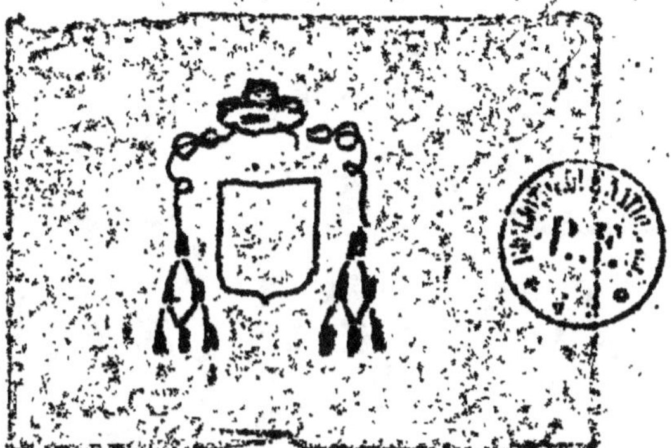

Ci-dessus le système d'entourage de l'écu par le chapeau et les houppettes.

Bien à vous

Henry Céard.

Delaroque 21 quai Voltaire

L'Art du brodeur, par M. de Saint-Aubin, dessinateur du Roi (M.DCC.LXX.)

Fascicule faisant partie des Descriptions des arts et métiers, faites ~~et~~ on approuvées par Messieurs de l'Académie Royale des sciences, avec figures en taille-douce.

Viollet-le-Duc

Dictionnaire raisonné de l'architecture française du XIe au XVIe siècle

Description de Notre-Dame de Paris 1856 in-8o

Décoration de l'église, à lire des choses sur l'évêque.

Procession.

Extrême onction

De la procession de la fête de Dieu, quand l'évêque y paraît p. 1244 - t. I)

De la communion des malades p. 1259 t. I.

Exorcisme p. 1323 t. I.

Dictionnaire de la Noblesse, de
Lachesnaye - Desbois
Dictionnaire des sciences ecclésiastiques.
Statuts et ordonnances des maîtres
brodeurs, chez François Buissart,
1719
Françoise Michel.

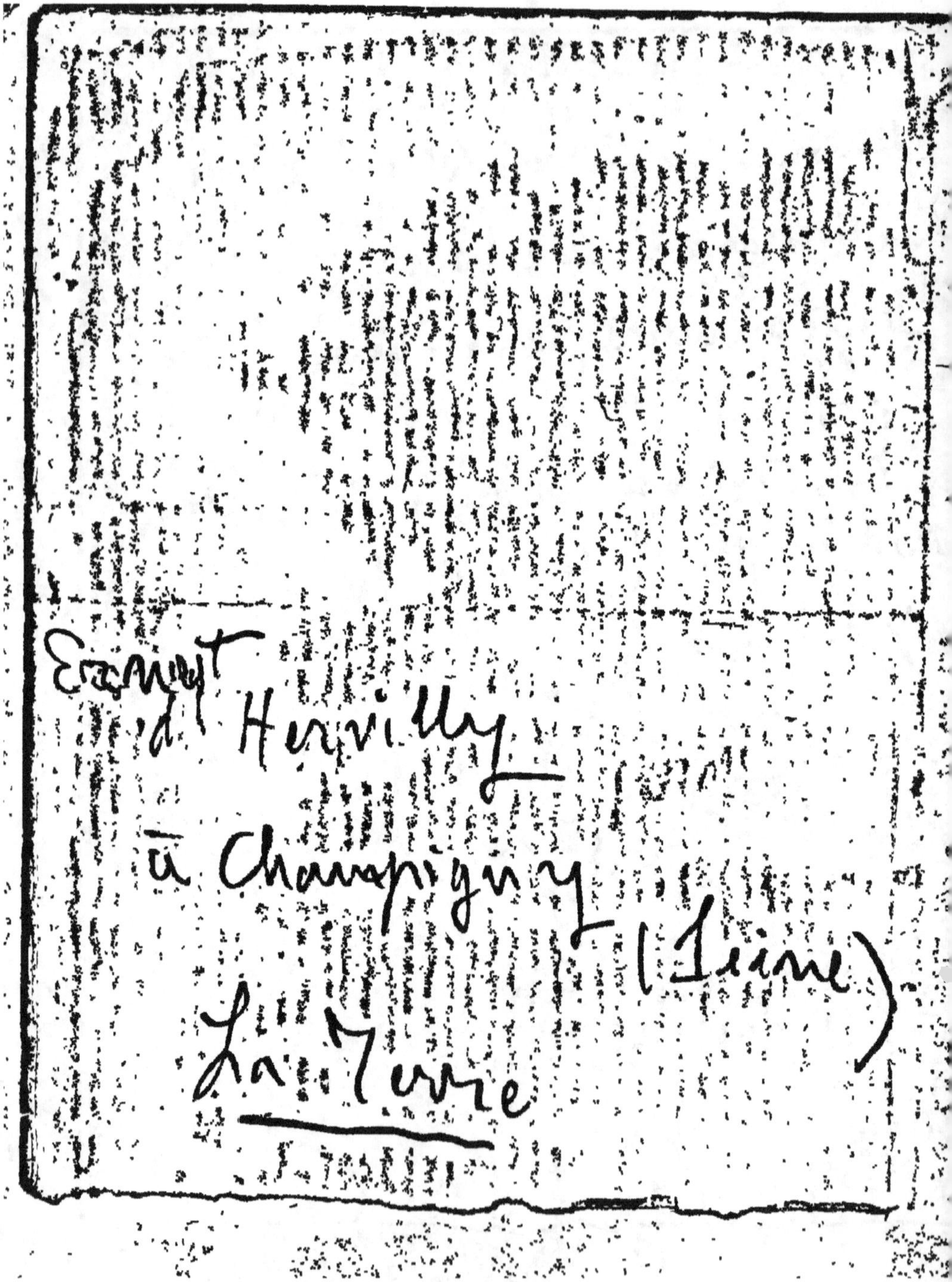
Ernest d'Hervilly
à Champigny (Seine)
La Tourre

chasuble. Croix droite. 8 pouces de large, les croisons sept ou huit pouces

Les chasubles peuvent être timbrées des armoiries de ceux qui les donnent

—

Extrême onction. Si l'état du malade le permet, doit être précédée de la pénitence et du sacrement de l'Eucharistie. Dans un vase d'argent l'huile des infirmes, que l'évêque bénit le jeudi saint. — Les onctions aux cinq parties du corps que la nature a données à l'homme comme les organes des sensations ; yeux, oreilles, narines, bouche et mains ; plus les pieds et les reins, mais cette dernière omise par décence pour les femmes. Les mains, prêtres en dehors, les autres en dedans.

A chaque onction, cette prière solennelle

Per istam sanctam unctionem et suam piissimam misericordiam indulgeat tibi Dominus quidquid per visum sive per auditum [odoratum, gustum, et locutionem] etc, deliquisti. [tactum]

Un surplis et une étole violette

En entrant dans la chambre. Pax huic domui. R Et omnibus habitantibus in ea

Les saintes huiles sur la table.

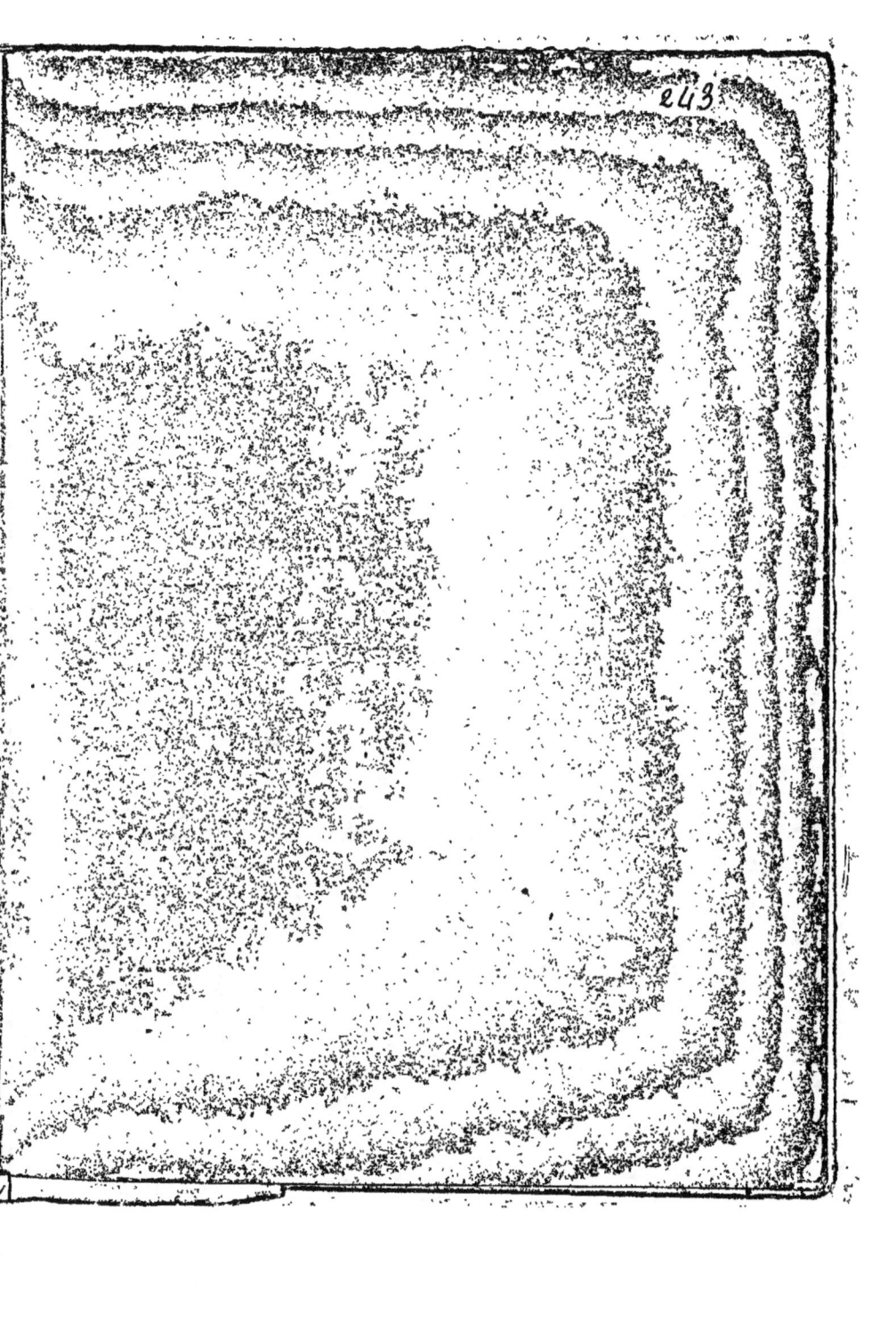

Les Hautecoeur

Le Auteur – Les Armoiries – Histoire et légendes

Beaumont-l'Église
et Beaumont-la-Ville

Histoire – Plan

pour un
u dernier H.

pair de France (?)

pour le X.

Marquis de Hauteveür,
prince de Mirande et de
Rouvres, comte de Ferrières,
de Montégu, de Saint Marc,
et aussi de Villemareuil,
baron de Combeville, chevalier des quatre ordres du roi, lieu-
tenant de ses armées, gouverneur
de Normandie, pourvu de la
charge de capitaine général de
la vénerie ~~[illegible]~~, rentes pavil-
lons du Roi* et de l'équipage
du sanglier.

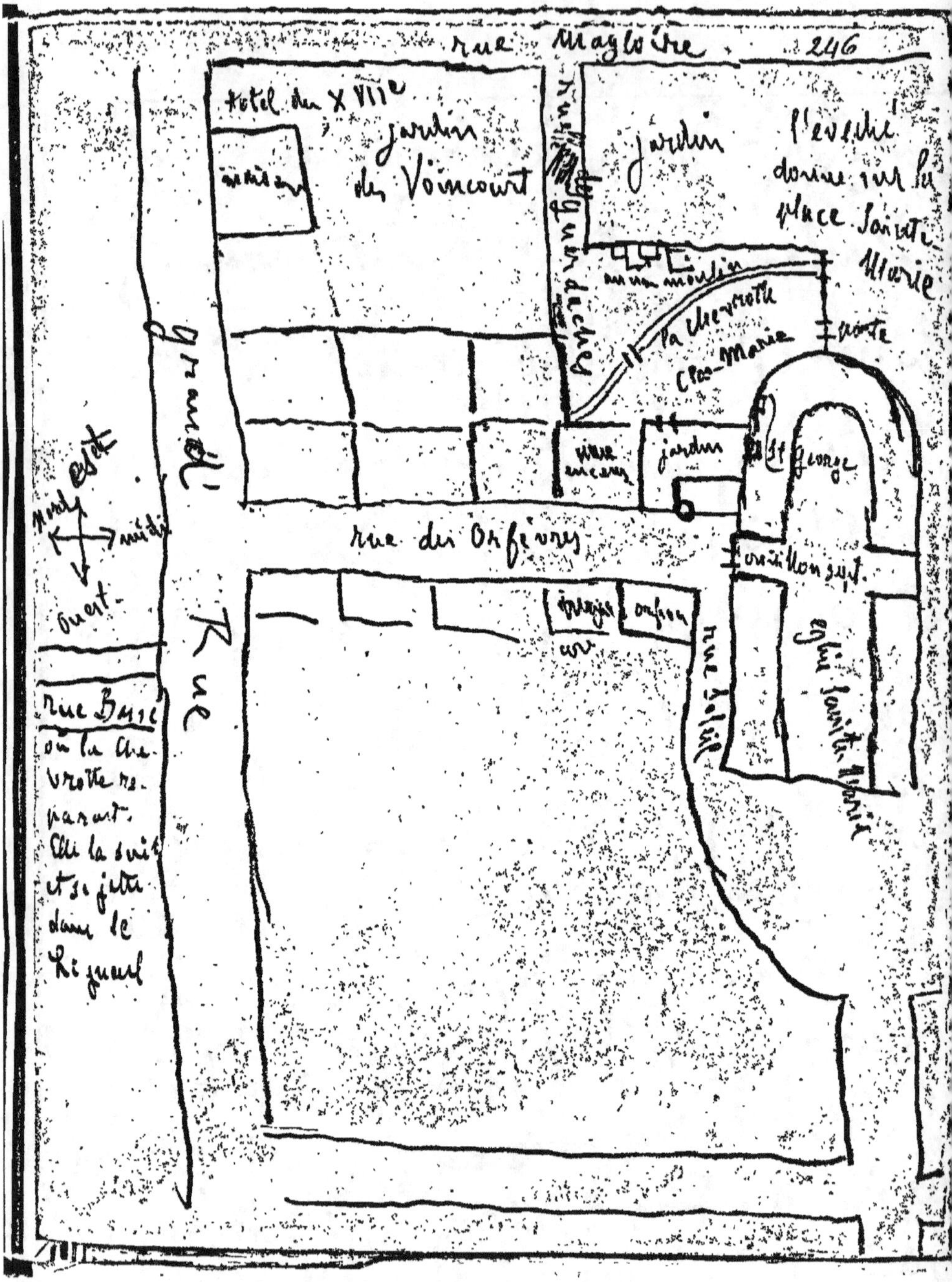
rue Maglôire
246
jardin
des Voincourt
jardin
l'evêché
donne sur la
place Sainte
Marie
moulin
la Chevrotte
Clos-Marie
porte
jardin
St George
rue des Orfèvres
grande Rue
nord
est
midi
ouest
rue Basse
où la Che-
vrotte re-
paraît.
Elle la suit
et se jette
dans le
église Sainte Marie

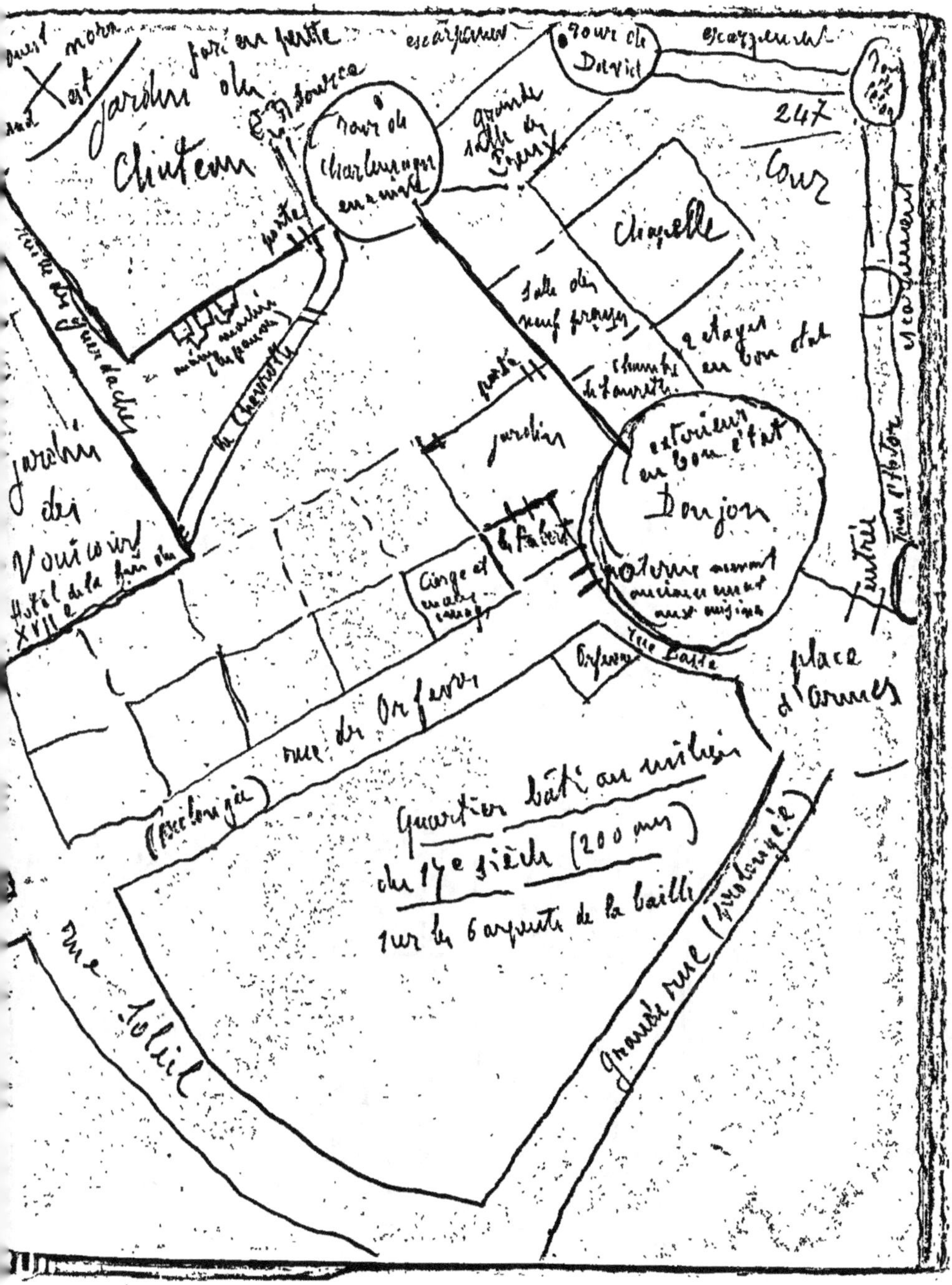
ouest
nord
est
jardin du
Château
source
porte
tour de Charlemagne en ruine
escarpement
tour de David
escarpement
grande salle des Preux
247
Cour
Chapelle
salle des neuf preux
2 étages en bon état
porte
jardin
Donjon
Entrée
place d'armes
rue Basse
rue des Orfèvres
(horlogerie)
Quartier bâti au milieu du 17e siècle (200 ans)
Grande rue (horlogerie)
rue Soleil
Hôtel de la fin du XVIIe

Armoiries du sire de Hautecœur

Écartelé, un et quatre, deux et trois, de Jérusalem et de Hautecœur. De Jérusalem, qui est d'argent à la croix potencée d'or, cantonnée de quatre croisettes de même. De Hautecœur, qui est d'azur à la forteresse d'or, avec un écusson de sable au cœur d'argent en abîme, le tout accompagné de trois fleurs de lys d'or, deux en chef, une en pointe.

Pour devise : Si Dieu veut, je veux.
Si Diex volt ie vueil.

L'écu est soutenu, de dextre et de senestre, par deux chimères d'or, et timbré, au milieu d'un plumail d'azur, du casque d'argent, damasquiné d'or, taré de front et formé de onze grilles, qui est le casque des ducs, maréchaux de France, seigneurs titrés et chefs de compagnies souveraines.

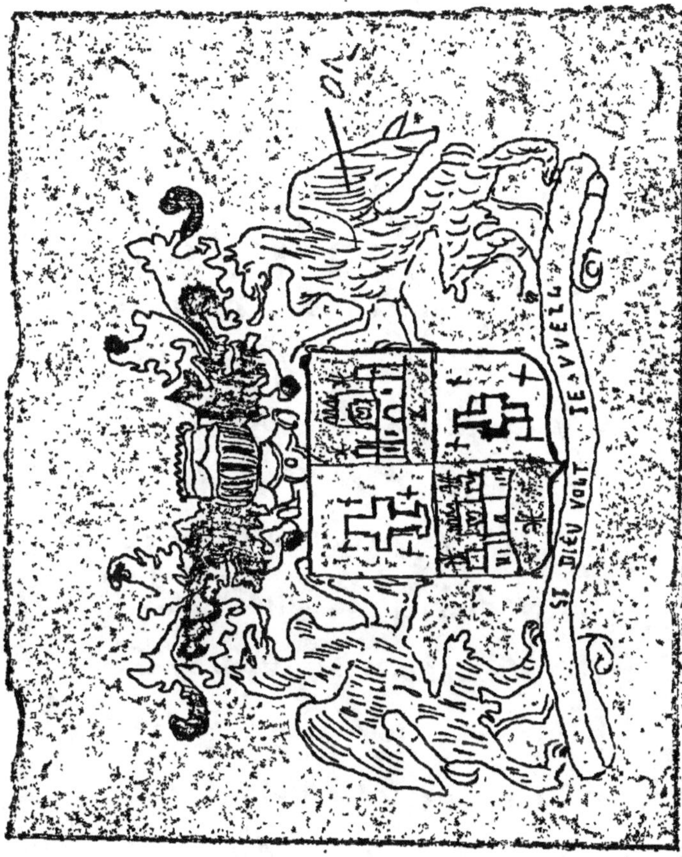
SI DIEU VOUT IE VVELL

Chalo de Saint Mars, maire d'Etampes.

« Chalo de Saint-Mars étant averti que le roi Philippe le Bel (1285-1314) devait faire un voyage à Jérusalem, à pied, armé, portant un cierge, ce que le bon roi ne put pour quelque maladie qui lui survint, entreprit le dit Chalo le voyage : ce qu'il fit et accomplit. Et pour partie de sa rémunération ce dit Roy lui octroya un quartier des armes de Jérusalem. Et franchit et exempta de tous subsides et tailles lui, ses successeurs et héritiers et ceux d'eux qui viendront. Pour ce, ils sont tenus de venir au devant du corps des Rois et Reines à leur entrée à Etampes. Et, s'ils y reposent morts, sont tenus de garder et veiller le corps. »

1re croisade	1096 à 1100	Godefroid. Jérusalem prise	
2e "	1189 à 1193	Philippe Auguste	
7e "	1250	Saint Louis	
8e "	1270	id.	

Les Hautecour à citer.

Les Hautecour ont eu pour chef ~~[illegible]~~ Norbert un cadet de l'illustre maison de Normandie, au XIe siècle, à qui l'archevêque de Reims donna en fief l'ancien chateau moyennant un cens annuel de soixante sous — Au XIIe siècle, Hervé, fut la brigandage, égorgea de sa main 30 bourgeois en un jour, se fit excommunier (spoliateur de biens ecclésiastiques), fit la guerre à Louis le Gros qui ~~[illegible]~~ rasa sa tour — Raoul ~~fit la guerre au roi de France~~, pris par * à la croisade de Philippe Auguste (1189 1193) au siège de St Jean d'Acre et mourut en Orient — Jean V le grand rebâtit la forteresse (1225) se bat à Bouvines sauve le trône de France, et meurt [illegible] ~~beau~~ père de la femme du roi d'Ecosse. — Félicien II ~~[illegible]~~, (voyage de Chalo et armes) (1290) — ~~[illegible]~~ Hervé VII revendiqua ses droits sur le trône d'Ecosse — l'emprisonnement du 1509 — Enfin Jean IX qui assista au démantèlement sous Mazarin

Le Château

L'évêque de Reims Hervé, en 909 (Xe) craignant les Normands par l'Oise, fit élever une forteresse à Hautecour. – Rebâti en 1221 par Jean V le grand. – En 1393 le roi Charles VI y vint pour distraire sa folie. En 1411 assiégé par les Bourguignons, qui sont obligés de lever le siège. En 1567 les calvinistes s'en emparent. Le château se soumit à Henri IV, qui y vint avec Gabrielle d'Estrées. D'autres sièges, enfin le dernier siège (1652) sous Mazarin, et le démantèlement. (10 mai 1652. On fit sauter les voûtes du donjon et des cinq tours, on incendia les bâtiments) – Énorme construction, conçue d'ensemble, d'un jet. Surface 10000 m. un hectare. 50 mètres au dessus d'une vallée. Donjon de 60 mèt. Colossal, rude et sauvage. Tout pour géants, à une ~~aut~~ échelle supérieure, marches allégées des créneaux, bancs. 500 hommes de guerre – Vivres pour une année pour 1000 hommes.

Légende des Hautecœur

Chez les Hautecœur, les châtelaines, dit-on meurent jeunes, en plein bonheur, en pleine passion. Donc deux anciennes au quinzième, au dix-septième; puis la mère de Félicien; puis Angélique, si je m'y décide. – La première est morte dans sa tendresse pour son fiancé. Laurette, à la veille ~~du~~ de son mariage avec un cousin à elle qui habite le château, s'est mise à la fenêtre de sa chambre, tandis que le cousin était à la sienne, d'une tour à une autre. Et ils se sont regardés, si bien qu'il ~~voulait~~ lui a semblé qu'il venait à elle, comme si un rayon de lune faisait un pont. Et elle a voulu marcher à lui, elle a marché un instant dit la légende, puis étant sortie du rayon elle est tombée, et s'est ~~pris~~ brisée ~~[illegible]~~ au pied des tours. Au-

[illegible]

jourd'hui encore, quand la lune éclaire
les ruines du château, on dit qu'elle marche dans l'air tout autour. Sa robe blanche
qui est le clair de lune même. Et cela dans
un élan, dans un souffle, dans un envolement
d'amour. Elle est autour du château.

La seconde Balbine est morte de
joie, au retour de son mari qu'elle croyait
quand même tué. Elle était sur le donjon, à l'attendre; elle
descend, et elle meurt dans l'escalier, suffoquée de joie. On dit que son ombre descend
toujours l'escalier. Elle ne revient donc
qu'à l'intérieur, celle-là. On la voit sans
cesse descendre les étages, filer par les corri-
dors, passer comme une ombre ~~est~~ derrière
les fenêtres ouvertes sur le vide.

Enfin, la mère de Félicien est morte
en couches. Elle s'appelait Paule. Elle n'est
morte que des suites de l'accouchement.
grandie

On l'a trouvée étendue sur le tapis devant le berceau de son fils. Elle s'était levée, pour embrasser son fils, vivement désirée, en se sentant mourir sans doute.

— D'autres mortes, jeunes et heureuses. Ysabeau ~~[illegible]~~, Gudule, Yvonne, Austreberthe, qui toutes reviennent. Le vol blanc de toutes ces femmes heureuses mortes jeunes. Certaines nuits le château en est empli, comme d'un vol de colombe.

Je garde les ruines seulement du château de Hautecœur, dans la ville peut-être, sur une hauteur que l'on verrait de la chambre d'Angélique seulement par dessus les arbres de l'évêché. Garder Coucy, le donjon encore debout, avec ses mâchicoulis, une courtine reliant encore deux tours, et le reste écroulé. Cela me permettrait d'y mettre la légende, la nuit

[illegible] grandie

par les clairs de lune. Je rappelerai ces deux fois dans le livre, et j'aurai tout ainsi les ~~tro~~ deux légendes anciennes avec le défilé des noms ; et je rattacherai à cela la mort de la mère de Félicien, morte à Paris ; car le château n'est plus qu'une ruine. — Si je fais vivre Angélique, il faudra lui préparer un hôtel : à dire.

Monseigneur de Hautecœur (Jean XII) a 60 ans en 1866. Il est donc né sous l'empire en 1806. Il a son fils Félicien (Félicien VIII), à quarante ans en 1846. Marié tard à 39 avec une jeune fille de 18 ans, en 1845 (sa femme a 22 ans de moins que lui). Il a servi ~~la~~ sous la restauration jusqu'en 1830, et a donc donné sa démission à 24 ans. Une vie dissipée, de passion, d'énergie. Des voyages. Et son coup de passion pour Paule à la campagne (Paule de Souvigny, très riche, [illegible] une grande très belle. Puis la mort de Paule au bout des neuf mois. La douleur immense, il entre dans les ordres à 40 ans, ~~est fait évêque~~ chez les dominicains, devient évêque au bout de 20 ans. Il n'est donc évêque que depuis peu lorsque commence mon récit. Six mois, et son fils rappelle son fils qu'il veut marier à Claire de Voincourt.

Si je garde pour la ville, le nom de Hautecoeur-le-Chateau, il faut que ce soit par un hasard qu'un descendant des Hautecoeur est nommé évêque à Hautecoeur, [illegible] l'ancienne ville de ses ancêtres. Cela n'est pas impossible. Il n'a plus ni terre ni rien dans le pays. Il ne reste que ces ruines, qu'il a ~~pu~~ pu racheter et qu'il se proposait de consolider, lorsque la mort de Paule est venue le terrasser. Donc elles sont restées à l'abandon. Il les avait payées ~~quatorze~~ dix mille francs, à qui?

[illegible] une grande

Hautecoeur-le-Château est ~~une~~ un chef-lieu d'arrondissement de ~~dix~~ quinze mille âmes. Sous-préfecture (Cambrai) - Mairie. ~~Tribunal civil~~ Routes et rivières, ingénieur ordinaire - Finances, un receveur particulier et un percepteur. Postes, directeur Culte catholique évêque (à Cambrai un archevêque) Un vicaire général - Un collège communal Une bibliothèque - Tribunal civil : un président, deux juges, et un juge d'instruction. Un procureur impérial, un substitut, un greffier en chef. Des avocats, des avoués, des huissiers - Deux juges de paix, canton nord, canton sud. Sociétés savantes, journaux, théâtres. - Batiste et ~~....~~ linons, toiles fines. Fabricants et négociants en tissus. Mousselines, basins, jaconas, nansoucks. Manufactures. Grande, belle et très forte ville, sur la rive gauche de la Morelle un affluent de l'Escaut. Ancienne ville fortifiée. Dans le département du Nord, à 160 ~~lieues~~ kilomètres de Paris (40 lieues - Une grande

fabrication de toile fine, avec le lin récolté
dans le pays — De sorte ~~[illegible]~~ qu'il y a deux
quartiers, l'ancienne ville seigneuriale
en haut : Hautecœur-le-Château, resté tel
qu'elle, avec ses ~~[illegible]~~ des parties de ses anciens
remparts, et des portes (prendre Coucy)
et Hautecœur la Ville en bas) au bord
de l'affluent, avec ses fabriques —
Hautecœur le Château ~~resté~~ à l'ancienne
église épiscopale. L'évêque là, toute
l'ancienne ville, rien n'a bougé. —

Beaumont-l'Eglise et Beaumont-la-Ville

Ma ville est Beaumont, en deux partie : Beaumont-l'Eglise et Beaumont-la-Ville, celle-ci au bord du Ligneuil qui se jette dans l'Oise, (la Chevrotte, elle, se jette dans le Ligneuil.) Les ruines de l'ancien chateau de Hautecoeur sont à ~~six~~ huit Kilometres de Beaumont dominent de 50 mèt. le cours du Ligneuil, que le chateau commandait en aval de Beaumont (protection contre les Normands) La ville ancienne était fortifiée, encore des portes, les remparts abbatus.

L'abbé de Bogremont, une petite ville libre rendue libre par un évêque de Reims, ~~dont les Hautecœur~~ commença son église abbatiale en 1150 (commencement du XIIe), avec les ressources de son ordre. Il y a là un couvent de moines (lequel ?) Les ressources manquent et l'église reste en train. On a bâti le chœur, la nef, et les croisillons à la hauteur des chapelles, et on recouvre le tout d'une toiture en bois. La façade n'existe que le portail central. Donc c'est le rez-de-chaussée qui est roman. La porte du croisillon romane, ainsi que les chapelles et leurs fenêtres du croisillon à l'abside (côté des Hubert).

Sur ces entrefaites soixante-quinze ans (en 1225) plus tard, un Hautecœur rebâtit la forteresse de Hautecœur à six kilomètres de là, en aval du ~~Vignes~~ Lignerel, pour s'opposer aux invasions des Normands. ~~Il fut dire~~ La forterre ancienne, sur laquelle Hautecœur bâtit la sienne, datait du Xe siècle et avait été bâtie par un archevêque de Reims. Ce territoire appartenait au siège de Reims, depuis saint Remi, à qui il avait été donné par Clovis. Plus tard, l'archevêque de Reims l'avait donné en fief à un Hautecœur au [illegible] siècle ~~moyennant~~ à la condition que les moines resteraient libres et qu'il les protégerait un cens annuel de 10xante sous. Les Hautecœur y étaient donc déjà ~~et avaient les moines pour tributaires~~ ceux-ci antérieurs et restés libres en 1120, lorsque l'abbé commença son église. Le Hautecœur qui plus tard, 10xante-quinze ~~[illegible]~~ ans après en 1225 (au XIIIe) rebâtit la forteresse dont on voit les ruines est Jean IV de Hautecœur. Et c'est celui-là qui donne les 100 000 livres pour aider à ~~l'achèvement~~ la continuation de l'église. On élève alors le deuxième étage, la nef, en

~~pleine~~ ogive élancée. ~~La façade, partie~~ Le développement de la façade dont il n'existait que ~~la~~ le ~~trois~~ portail central et les deux portes à droite et à gauche, n'est terminé que deux cents ans plus tard, ainsi que le clocher ~~la flèche~~, en plein gothique rayonnant (1430) d'où les deux dates seraient : 1150 1225 1430, plus de trois cents ans.

A cette époque donc, au 15e siècle, l'église terminée par les moines existait ~~avec~~ avec le château des Hautecœur. ~~Les~~ Les moines ~~tout en faisant leur tribut~~ pouvaient avoir une existence propre. Mais bien des raisons pouvaient heurter le Seigneur et l'abbé l'un contre l'autre. Celui-ci, protégé par le seigneur, lui devait certains tributs

Donc, négligeant pour le moment l'histoire des Hautecœur, j'arrive au moment où le château fut démantelé vers la fin de la Ligue (fin du XVIe)

non luttant toujours contre Henri IV par catholicisme outré (le Hautecoeur est un ligueur effréné, pour les Guise) et plus tard, c'est Louis XIII qui le fait démanteler. Il ne reste alors qu'une branche cadette, le Hautecoeur d'alors étant mort. — C'est donc l'abbé qui triomphe — ~~Dès lors, Combray le Château~~ le Logis Le Hautecoeur est alors que j'appellerai Jean IX bien que catholique outré, a eu des démêlés terribles avec l'abbé de Beaumont — l'Église célèbre d'autres démêlés au XIV et XV siècle, pour des questions de tribut et de préséance (?) C'est donc je le répète Beaumont qui l'emporte. Faire que la ville soit devenue riche dès le XVe siècle par la batiste la dentelle et les toiles fines. Époque de la fondation de Beaumont la Ville, en bas, le long du Ligneul.

Les riches arrivant la bataille, s'engage. Les Hautecoeur ~~a~~ prétend lever des droits ~~pour~~ pour la navigation sur le Séquanil (?) – En tous cas, après le démantèlement du Château, la ville prospère est transformée en évêché dans les 1ères années du XVIIe siècle. / Les Hautecoeur ont conservé leur chapelle. Le vitrail est de l'époque où Jean II a donné les deux cent mille livres, commencement du XIIIe s. vers 1230. La décoration de la chapelle aussi. Mais cette chapelle remonte à 1120. On pourrait faire que les vitraux soient de cette époque, un peu plus tard, 1150 ±. La chapelle était déjà consacrée à St Georges lorsqu'on la donna comme sépulture aux Hautecoeur – Et ce n'est qu'alors, en 1220, qu'on ~~[illegible]~~ substitue les au ~~petit~~ motif d'ornement de la rose les armes. Les armes ~~au~~ comme vitrail, seraient de ~~[illegible]~~ 70 à 80 ans plus jeunes comme travail

Au XIIIe siècle, presque tout de suite, je place ma première légende. Laurette est la fille de Jean II. — Je saute au XIV siècle en 1356, bataille de Poitiers. Le mari de Babine, ou mort à Poitiers serait quand même attendu par elle — Enfin au XVI, avant ~~le [illegible]~~ le démantèlement ~~j'ai~~ je voudrais une légende où plusieurs avec Irène, Gudule, Yvonne, Austreberthe, etc — Et Laure à Paris. — Toutes sont enterrées dans la chapelle.

Notes sur Coucy, le Chateau, et les sires de Coucy

Coucy. Chef-lieu de canton, à 24 K. de Laon, 875 h. Situé au bout d'un plateau, dominant une vallée à 70 mèt. Environné de trois côtés par la vallée. Coucy-la-Ville ~~faubourg~~, ou ville basse, en bas, à un Kil. de Coucy le Chateau. Au milieu de la vallée, la Lette qui va se jeter dans l'Oise. — Coucy-le-Chateau entouré de murailles et de tours. Trois portes, la plus grande avec deux tours au nord : porte de Laon. — Au ~~milieu~~ ancienne, porte Soissonne — ~~La troisième~~ La porte de Chauny.

Les armes : un écusson : fascé de vair et de gueules de six pièces. 3 places, hotel de Ville, hotel Dieu, le marché périodique. — L'église : Saint Sauveur. L'Evèque de Reims Hervé, en 909, craignant les Normands sur l'Oise, fit élever une forteresse à Coucy. — En 1393, le roi Charles VI y vint, pour distraire sa folie. En 1411, assiégé par les Bourguignons. Le dernier sire de Coucy meurt en Bithynie 1396 — Le duc d'Orléans achète le chateau 400 000 livres tournois. En 1498, Louis II, second duc d'Orléans, devenu roi sous le nom de Louis XII, réunit Coucy au domaine royal et sa fille Claude de France pour François I (duc d'Angoulême).

En 1567 les calvinistes s'emparèrent de Coucy. Le château se soumit à Henry IV, qui y vint avec Gabrielle d'Estrées. Elle y accoucha de César de Vendôme. Les sires de Coucy, les sires de Hautecourt, ~~Pendant~~ sous Richelieu et sous Mazarin éprouvés tantôt aux uns, tantôt aux autres. Enfin en 1652 le dernier siège sous Mazarin et la ruine. On démantela la place — Avant 89, Coucy-le-Château était le chef-lieu d'un bailliage personnel, d'une maîtrise des eaux et forêts, d'un grenier à sel. Un gouverneur spécial.

Les Coucy : pour chef Aldric (XIe) un cadet de l'illustre maison de Vermandois — Enguerrand Ier, — Thomas de Marle, fit la guerre à Louis Legros, égorgea de sa main 30 bourgeois en un jour, se fit excommunier (spoliation de biens ecclésiastiques) — Thomas II de Marle, en jardolage, Louis VI rasa sa tour de Coucy (1117 — Enguerrand II fit la guerre au roi de France et prit part à la croisade de 1146. Mourut en Orient. — Raoul Ier, fut tué au siège de Saint Jean d'Acre — Enguerrand III <u>le Grand</u>, réédifia Coucy, se battit à <u>B</u>ouvines, convoita le trône de France, et périt d'une chute de cheval en s'enferrant sur son père Beau-frère de l'empereur Othon IV - Père de la femme du roi d'Écosse Alexandre II. Roy ne suis, ne prince, ne duc aussi ; je suis le sire de Coucy. - Raoul II suivit Saint Louis dans la première croisade, fut tué à la bataille de Mansourah (1250) - Enguerrand IV, très cruel, condamné à mort par Louis IX pour sa cruauté envers ses vassaux, meurt dans son lit vers 1310 - La ligne directe s'éteint là, le bien passe dans la descendance de sa sœur Alix, seconde maison de Coucy, dont le plus célèbre Enguerrand VII fut le gendre du roi d'Angleterre Edouard II, revendiqua des droits qu'il tenait de sa mère sur la couronne d'Autriche, dévasta l'Alsace, se fit battre, mourut à Brousse Asie (1397) Sa fille Marie vendit Coucy au duc Louis d'Orléans (1400

Je puis mettre le démantèlement de Coucy sous la Ligue 1568 fin du 16e. A cette époque le gouverneur de Pierrefonds fut pendu en 1594. Un Hautecœur embrassa le parti des mécontents.

Les Vitraux

George tribun Cappadoce Ville
de Silène, en Lybie, étang où
était un monstre. La fille du
roi pour le sacrifice — La fille
couverte de vêtements royaux

1 La fille pleurante et St George
2 St Georges signe de la croix transperçant le monstre
la lance
3 La fille sa ceinture au cou du Mon

20 mille hommes baptisés. Le
jour où il coupa la tête du
monstre

Vitraux — Pas avant la fin du XIIe. Verres de petites dimensions, pris dans des lamelles de plomb, de couleur plate, avec le dessin et les ombres en noir. Cuit au moufle. Fond bleu, bordure rouge, des fleurons aux angles. Figures petites, de style byzantin. Le nu apparaît sous les draperies. Les vêtements collés sur les parties saillantes du corps, en développant en dehors de la forme humaine, comme emportés par le vent. De la décoration, pas d'exactitude, harmonie des couleurs.

Au XIII même chose. La verrière, une mosaïque transparente, étincelante de couleurs les plus vives et les mieux agencées. Pourtant, on commence à copier la nature, moins d'importance au nu, donc se détache du style byzantin. Figures mieux drapées, expression plus vraie (N.D. de Paris dans le transept ~~[illegible]~~ méridional la plus belle rose connue.

Le XIIe et le XIII, apogée de la fabrication des vitraux, seuls procédés convenant à la peinture sur

verre, qui se perdirent avec écoles laïques. On évitait l'ag-
glomération de personnages et d'ornements pour laisser le
du fond et voir chaque personnage à distance. Les contours
des personnages dessinés. Fabrication au XII°. Une table
plane, enduite ~~frottée~~ de craie détrempée et frottée, on dessine sur
cette préparation sèche avec style d'étain, puis avec
un pinceau en rouge. Les couleurs sont ensuite
marquées avec une lettre. Des morceaux de
verre posés, et on y calque les linéaments principaux qui sont les plombs. On le découpe au
moyen du fer chaud et du grésoir (aujour-
d'hui diamant.) Tous les vitraux sont faits
alors avec des verres colorés dans la pâte, et
le modelé n'est obtenu qu'au moyen
d'une peinture noire ou rouge brun, appliquée au pinceau et vitrifiée au feu. La
peinture, soit claire, soit plus sombre, soit
épaisse, ou elle est étendue sur le verre ~~[illegible]~~ et enlevée
avec un style de bois, pour des ornements
très déliés, ou des touches se détachant

en lumière sur un fond obscur, mais encore translucide. ~~Et~~ cette peinture monochrome, mise au four et vitrifiée. — Jonction des verres. Un verre teint dans la masse, ~~ou~~ soufflé blanc, trempé dans un verre miroitant où l'on avait jeté des oxydes métalliques. Ces verres grossièrement étendus. Les différences d'épaisseurs faisaient des dégradations de ~~teinte~~ ton que les peintres employaient en coupant de façon que la partie mince se trouvât du côté du clair. Pour les fonds mêmes, ils avaient un aspect chatoyant, d'une grande intensité à distance.

Premier travail d'ombre fait par hachures, fines à leur naissance, pleines ~~dans~~ où l'ombre s'épaissit, mais encore transparentes. Et l'on cuisait. Puis deuxième teinte la demi teinte forte, on rechargeait ~~et~~ les

ombres, et où reluisait. Dès le commencement du XIIIe on renonça à deux nuis-
sons. — Les verres employés au XIIe, rien que des sujets de l'Écriture. Les
bleus : limpide, légèrement turquoise ; clair,
mais verdissant ; indigo intense ; azuré,
~~gris~~ très clair, gris de lin ; Jaunes : paille,
fumeux ; safran ou or bistré. Rouges : oran-
gé très doux ; intense jaspé ; clair, fumeux.
Verts : jaune, limpide ; émeraude ; bouteille.
Pourpres : clair, chaud ; limpide, azuré ; sombre, vineux ; très clair, fumeux, pour les chairs ;
Tons rosés : mordoré, couleur vin d'Espagne ;
vert sombre, chaud. Blancs : jaunâtre,
fumeux ; gris, glauque ; nacré. —
— Au XIVe dessin plus correct, exécution plus
belle, on étudia le clair-obscur, les ombres,
les reflets, on copia plus fidèlement la

nature. Mais ça ne vaut pas la mosaïque transparente du XIIe et XIIIe. Les fonds sont remplis de damasquinage. Au XV, le costume des personnages, le style des parties architectoniques, l'étude de la nature se rapprochent plus de la réalité et tout décline. Ce n'est que des cartons de peintre rapportés. Les émaux, la couleur sur le verre blanc sur verre apparaît — les grisailles ~~au~~ à l'apogée au XVIe. Imitation de la peinture à ~~la~~ l'huile. ~~Gris~~ Portiques en grisaille, figures et lointain. — La peinture sur verre, en se perfectionnant, a dépassé les limites qui lui étaient naturelles et ~~..~~ est allée au delà de son véritable but — Au XVI décadence de l'art, la peinture sur verre tomba et se réfugia dans la reproduction des blasons, comme sous le noms de vitraux suisses.

Au XIIe et XIIIe, pour être vu à distance, ils ~~exagéraient~~ accentuaient vivement les mouvements, les gestes des personnages, ~~et~~ les ornements ; même ils les exagéraient.

Essai historique sur les vitraux, par Thévenot.

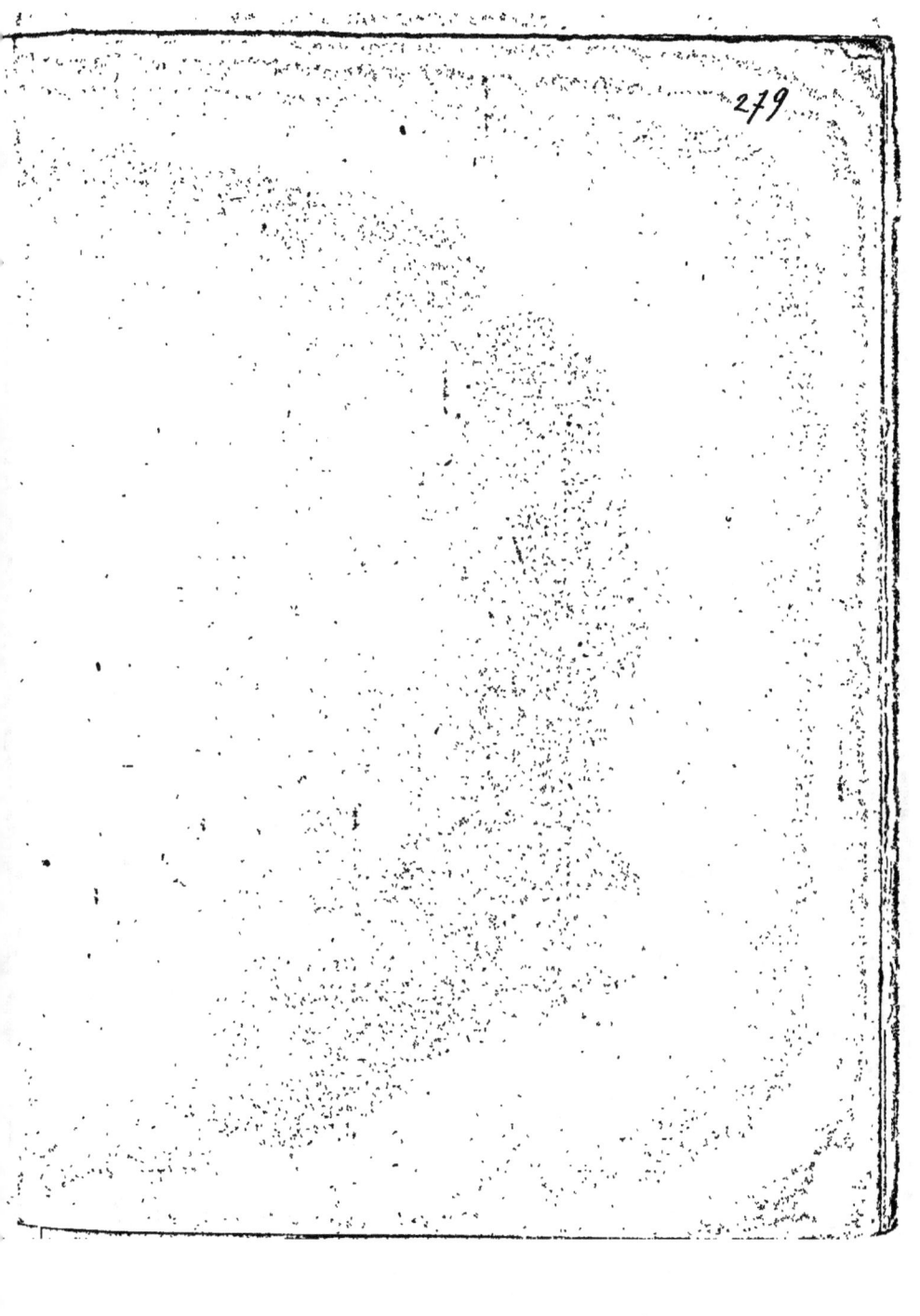

Les Broderies

Outils, pour broder

doigtier second pli ... sur le métier (16) palette (16)

Bobines, aiguilles, tête, bourrique, des

ce qu'il y a sur le métier 22 en fin ?

(on a passer par la ...

appuie-main. tréteaux

Le métier, meuble et .. lattes, garreaux

Mettre au mur

Partout, ... bobines vides

allonger

... souvent, ...

fixes, maillet, marteau

broche, fers à

Tambour,

... sur les genoux, Touret

... pour manger

Enfiler aiguille à tâtons, aiguille arrêt et au bourriquet. Au bout les 2 mains

Trait, cannetille, frisure, bouillon, filé
Or à passer. — Paillettes, perles, lamé d'or.

~~Partie en couleurs~~ Bordure d'habit brodé. Partie en couleurs, partie en guipure. Feuilles couchées en deux rangs. Paillettes attachées d'une croix d'or pour les graines. Les queues en frisé couché. Graines de fleurs d'un point de bouillon et d'une boucle de frisure. Branches de bois exprimées par trois points de frisure et trois points de bouillon guipés. Alternativement Des feuilles de laurier en paillettes [illegible]. Les nervures en frisure guipée, les roses en paillons attachés de frisure. Les petites feuilles au passé.

Orfroi

Bouillon par grain de 2 à 3 lig.

orfroi

Chasubles.
Pavots & tournesols

Pour les satins de deux aunes chaque suffisent pour faire toutes les parties de chasuble étole, manipule et bourse.

Pélican avec ses enfants.

Agneau pascal.

Beaucoup d'ornements

~~Velours blanc avec grosses roses et lis. tiges d'or~~

en longs parfois
Raisins et épis sur velours cramoisi, moitié en dessus, moitié guipure.

Brocard d'or avec des orfrois de satin et de guipure soie blanc brodés soie nuancée.
Chape velours rouge, avec chaperon brodé en or, quand les fleurs sont nuancées
Au milieu de la croix, un symbole : calice, triangle entouré de rayons, chiffre de Marie ou J.H.S. agneau sur la croix, pélican

Velours à couleurs vives : tulipes, pavoines, grenade, renoncules, passiflores, iris, hortensias, belles dalhias, capucines, hortensias, anémones
bandes d'une dalmatique, bandes et chaperon d'une chape

Satin rose. velours, ~~[illegible]~~ étoffe d'or et d'argent
chape, chasubles, dalmatiques, étoles
mitre voile de calice et de ciboire
petits rideaux de tabernacle bannières, fonds clairs, devants ou parements d'autel, bourses corporaux, voiles et robes de Vierge

Une chasuble de velours blanc avec de grosses roses en soie nuancée et des lis d'or. Au milieu de la croix le chiffre de Marie, très riche d'ornement.

Les chiffre et les [trois ou] lis sont en guipure (donc rebrodé et relevé ~~de~~ par Hubertine)

La tige des lis ~~et les feuilles ...~~ en cordonnet. Les feuilles en paillettes comptées

Les roses en soie nuancé ... et passé,

~~...~~ Autour du chiffre, ~~...~~ [ornemental] pourrait mettre de la gaufrure, une couronne de petites roses d'or au passé ~~et en paillettes~~. Petite feuille aux petites roses au passé ~~et les paillettes~~.

Paris, 6 déc. 87

Cher monsieur,

Voici le manuscrit définiti

de "Germinal", tel qu'il est

accepté par Ge

Bouillon par grains de deux ou trois lignes
On ne touche pas l'or, dépasse au bec

Hubert (il achève de bander et fait le) calque au papier huilé, le double de grand-raisin et le pique. On le pose sur l'étoffe et on le ponce (vente du Tourier 20) (poncis) de 19
Ensuite, il (battra) encollera et poudrera.

Si l'on écorche au cours du travail, il faut défiler, couper la paillette, etc. et au bourriquet (22)
Les brodeurs, tendent, dessinent, mettent le velours, collent, [illegible] (Hubertine le fera avec Hubert) Angélique brode. Même la soie et l'or. – Hubertine prépare la garniture

Hubert le Légend

Le vieux temps

Les armes des brodeurs chasubliers, les grenouilles, les femmes gagnent 25 sous de 6 h. du matin à 6 du soir —
Sous Charles IX, Henri III vêtements tout vrais des de dorure. En 1757 à Lyon étoffe à 600 fr. pour habit d'homme
En 1272 les brodeurs en communauté, (40)

Chape ~~Ch~~ offerte par Charlemagne, grandes aigles aux ailes éployées, des monstres leur mordent les pieds (61)

Chape de Sion (67)

La dalmatique impériale, chef d'œuvre 72

Les belles aumônières (84)

Arbre de Jessé (88) 126 Description à prendre

Orfroi d'après Van Eyck (98)

Chasuble, J.-C. en croix, à bas personnages (99-101) Tableau Ecce Homo 121

Autre chasuble (106) 139

Brodeuse de Bourges Colin Jolye Simonne de Gaules

Parement d'autel, merveilleux 127

Paris 23 février 88.

Monsieur,

J'ai l'hon

20 juin
24 juillet

~~Fin juin (270)~~ 28 à fin ~~juillet~~ juillet

~~(28)~~. Un bon mois

La procession ~~de la peste~~ du Miracle. On promène une statue de Sainte-Agnès.

en marbre et grenouilles

pierreries rechargées

Le chef d'œuvre d'un brodeur, fils de maître, devait être : une image seule qui est d'or nue, d'un demi-tiers de haut,

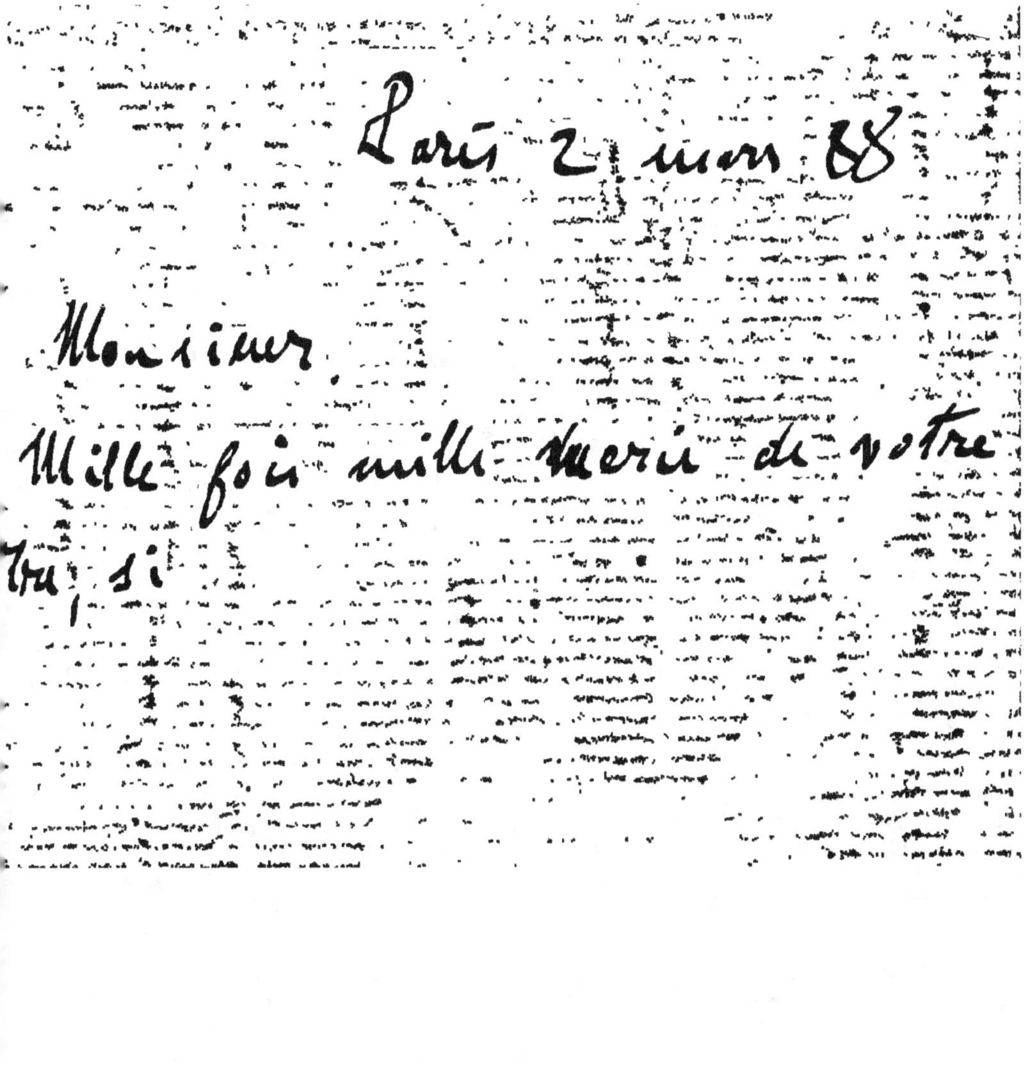

Paris 2 mars 88

Monsieur,

Mille fois mille merci de votre

bu, si

Sur soie blanche, une figure ~~agenouillée les yeux sur l'agneau~~ de Sainte Agnès, vêtue de ses cheveux, avec ses petites mains et ses petits pieds qui dépassent seuls, d'un flot de cheveux d'or. Treize ans. Une face adorable d'enfant, et elle ressemble à Angélique. (C'est Félicien qui s'est souvenu.) Agneau à ses pieds, et la palme comme la statue. Hauteur 3m, 30 de largeur, barbe de 37.

La face avec la sainte (Reproduction de la statue.) Le revers et les barbes, en or guipé et en paillettes, et en frisure.

VI — l'atelier, les outils, le dictionnaire 29° 1a18

L'Idylle chez les Hubert. La broderie commandée par Félicien. La une bannière, ou un vêtement pour l'évêque, ou un morceau décidé. – En tout cas broderie en or nué. Ce pour quoi Félicien vient, elle peut dessiner.

Hubertine là peut faire de la tailleur –
Rappeler les paillettes, la couchure, la guipure, la gaufrure. Hubert détend un métier qui a servi

Hubert détend un métier (ciselé et soie). Autre chose encore pour compléter les détails. Tout ce qui concerne le métier.

là ou au IX

- Faire rendre les paillettes
- Travailler des deux mains
- Frisure par grains de 2 ou 3 lignes.
- Le garrieau
- Le trait, la frisure, le bouillon.

Couleur.

l'étoffe d'or pour les jours où l'on se sert du blanc, du rouge et du vert.

Le drap d'or remplace le blanc et le rouge. — Le blanc pour les confesseurs et les vierges; le rouge pour les apôtres et les martyrs; le noir pour les jours de jeûne, pour les morts, pour l'Avent et pour tout le temps depuis la septuagésime jusqu'au samedi saint, et le vert pour toutes les féries. — On ne se sert du violet qu'au jour des Innocents et au dimanche Laetare. A la fête de tous les saints on prend du rouge à Paris, Lyon, etc. parce qu'il y a beaucoup de martyrs parmi les saints le la fête du Saint Sacrement, à Paris, du rouge, à cause de l'effusion du sang. Rome le vert aux féries. Paris la couleur de la fête dont les dimanches sont une suite ; du rouge à tous les dimanches après la Pentecôte (Rouge, langues de feu [qui apparurent sur] ~~quittes~~ la tête des apôtres

<u>Évêque</u>, ~~eg~~ chargé d'une église cathédrale. ~~Un~~ Ainsi couronné à la tête. Les habits seront violets, en laine. La <u>mozette</u> violette sur le rochet. Le chapeau de laine noir orné d'un cordon avec des glands de soie violette

L'atelier, les outils, les destinations (ta 19)

XI

Dans le désespoir, une broderie en bas-relief. Il y faut beaucoup de force. Angélique sombre, violente, volontaire.

Un panneau pour le siège épiscopal par exemple. Ou pour l'évêché, si je ne puis mettre les armoiries dans l'église. Des anges soutenant une couronne. Au milieu des fleurs et le blason. Cela m'a décidé.

XII

Elle se meurt, plus de force. Quelque chose de délicat. Elle copie des fleurs (les gardes douces. Ou une nuance ou en nuance de rose. Très artiste dans le motif. Et voir si je ne pourrais pas mettre là le blason des Hautecoeur. (35)

III

Angélique a le don du dessin –
Une brodeuse doit savoir dessiner.

La description de l'atelier, les outils, le vocabulaire (1 à 18).

Toutes les chasubles qu'elle fait [elle dessine très bien] une énumération, et celle auquel elle travaille. La brodeuse devenue une grande artiste. – Donc une chasuble où il y a de tout [elle y mêle de la broderie en nuance 1er (34)], du passé et des paillettes, de la guipure, de la couchure, de la gaufrure –

Hubertine est au même métier qu'elle et commence ce qu'elle achèvera. Met par exemple le vélin et les enlevures.

Hubert a [il le bat] encore un [cette] métier et le met sécher. Il en tend un autre, le bandé. Il défile de l'or et prépare un dessin. Ne veut trop reporter de ces choses au VI

Armoiries des Brodeurs Chasubliers.

D'azur à la fasce diaprée d'or, accompagnée de trois fleurs de lys de même, deux en chef, une en pointe.

Le trait est l'or pur, le métal, tiré aussi fin qu'on le veut. Il y en a de plus fin que des cheveux. (tiré, trait)

La cannetille est la frisure et le bouillon, mais surtout la frisure.

La frisure est le trait enroulé, creux, mat terne

Le bouillon est le trait enroulé, creux, brillant

Le filé est du trait enroulé sur de la soie ou du coton. Filet uni, frisé, étincelle.

L'or à passer est un filé de fabrication spéciale, plus solide, pour qu'il ne s'écorche pas

Lames

Les brodeuses se servent du filé pour guiper, de l'or à passer pour la broderie au passé, de la cannetille frisure ou bouillon, des paillettes, des cordonnets et des découpures, qu'on découpe dans une feuille de paillon, qu'on estampe et qu'on décore (grains de raisin, épis de blé, étoiles, pélicans, agneaux pascal, cœurs, etc.)

Description des arts et metiers, faits ou approuvés par Messieurs de l'Academie royale des sciences, avec figures en taille-douce. – Paris chez Saillant et Nyon rue St Jean de Beauvais
Desaint, rue du Foin Saint Jacques

M. DCC. LXI

Avec approbation et Privilège du Roi

L'art
du
Brodeur

par M. de Saint-Aubin, dessinateur du Roi

M. DCC. LXX.

Outils du Brodeur

Perçoir à manche d'ivoire ou de bois

Poncette noire ou blanche.

Bobines de différentes formes (sur l'extérieur de la patte la marque du poids et celle de la grosseur de l'or)

Pâte chargé de petits tas de différentes paillettes et de frisure.

Menne-lourd ou ébauchoir de buis ou d'ivoire

Bourriquet de carton qui reste sur le métier et dans lequel les ouvriers amassent les bouts d'or écorché, les paillettes mal faites, et tout ce qui n'est bon qu'au déchet. Ce déchet appartient au maître.

Ratignon de cuivre (un bougeoir bas à large vaisseau) qui porte la lumière de l'ouvrier.

Emporte-pièces d'acier, tranchantes par le bas, de différentes formes, servant à tailler les paillettes dans un morceau de laine : ces paillettes sortent d'elles-mêmes par le haut de la petite, à mesure que l'on frappe sur la tête de l'outil avec un maillet pour en fabriquer d'autres

Maillet de buis, pour frapper sur l'emporte-pièce

Petit marteau de fer pour frapper sur le poinçon qui fait les trous des paillettes

Brochette de fer, emmanchée de bois, enfilant une bobine prête à être dévidée

Hirondelle de carte, sur laquelle on dévide la soie plate

Des piqués de trous de différentes grosseurs.

Diligent composé d'une tablette (en bois, parquet) sur laquelle est élevé un massif, (au fond) qui porte trois brochettes de fer dans lesquelles on enfile les bobines chargées d'or qu'on veut mettre en broche. Sur le devant de la tablette, est élevé, à gauche, une roue de fer engrenant dans un pignon. Entre le verouil de bois et le pignon de fer, on serre la broche sur laquelle on veut dévider l'or.

Ronde de parchemin contenant l'or à passer.

Broche chargée d'un reste d'or en deux brins, dont les bouts ~~dont~~ doivent toujours être passés dans la fente de la tête, en travaillant

Fer à découper. ~~[illegible]~~

Chapelet de plusieurs bobines chargées de soie, enfilées ainsi de peur qu'elles ne s'égarent

Ensuble de bois garnie de sa sangle

Latte de chêne, servant de traverse aux ensubles. Les trous servent à recevoir les clous qui arrêtent les ensubles.

Garreau de fer à levier pour bander le milieu du métier

Le ~~[illegible]~~ métier tout tendu, ensubles, lattes, ~~[illegible]~~ garreau, clous, les ficelles du trelissage sur les lattes. Le bas de l'étoffe est cousu sur les sangles des ensubles. Pinces d'acier pour tirer l'aiguille, quand on travaille à de l'ouvrage trop épaisse et trop dure.

Rouet à main, composé d'une double croix de fer, formant massif à la grande roue et aux quatre petits pignons dans lesquels elle engrène. Ces pignons ont un crochet qu'on attache aux soies qu'on veut tordre. L'autre bout de soie est attaché à un clou, au bois. Le rouet a un manche, qu'on tient de la main gauche, et de la droite on tourne la manivelle. Pour les échantillons, on les choisit présents. Il y a des tordeurs.

Tambour à pied, garni de son taffetas cylindre pour la bobine, petite boîte pour l'or et les ciseaux.

Tambour à mettre sur les genoux. Une éclisse, sur laquelle on étend l'étoffe que l'on tend avec la ceinture et la boucle. L'éclisse (un cercle de tonneau large) est arrêtée par deux vis sur deux jambes

verticale, qui n'empêche point sa mobilité
Les jambes sont fixées dans une tablette de bois, à droite à gauche de l'aiguille sont deux boîtes pour serrer l'or et les ciseaux
Ces deux tambours servent à faire la chaînette au crochet

Outil pour broder au tambour, l'aiguille est terminée en hameçon, arrêtée par une vis dans le manche

Clou à tendre, ~~deux faut deux~~ il en faut deux

Clou ou cheville pour fixer les ensubles dans l'écart que leur a donné le clou à tendre : il en faut quatre.

~~Métier à broder~~ ~~atelier de brodeurs~~

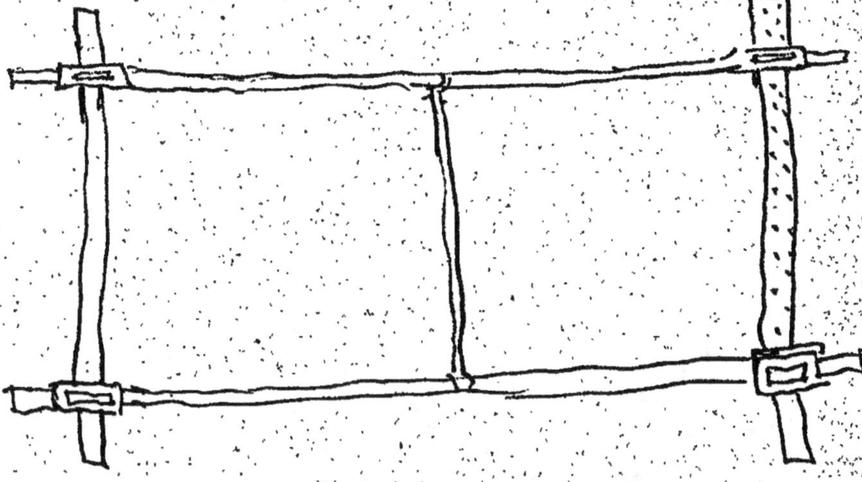

métier tendu beaucoup plus long que large, deux ouvriers peuvent y travailler, un de chaque côté du garrot, opposés. Grosses chaises paillées.

Des chaises tiennent une des chambrelatte — sur une chaise, des ciseaux ; la pelote de paille est tombée par terre. Les tourettes sont posées sur un banc ~~à pied, un~~ une sorte de pied à elles.

305 4

Un atelier de brodeur

Brodeur finissant de bander le métier avec le clou à tendre; il tient dans sa main droite le petit clou qu'il doit substituer au grand, quand le métier sera assez bandé.

Des tournettes pour dévider la soie (Hauts et légers dévidoirs) tas sur les deux. Une rainure permet d'en éloigner une pour ~~[illegible]~~ tendre. On tire et tout tourne

Le tréteau qui porte le métier d'un bout, et la chanlatte qui porte l'autre bout, (scellée au mur)

Un métier accroché au mur en attendant qu'on ~~y~~ le dessine. Un autre, accroché sur lequel est tendu une chape en train

Métier où travaillent une droitière et une gauchère, une main dessus et l'autre dessous (la droitière ~~gauchère~~ à la main droite dessous, la gauchière la main gauche dessus. ~~Le~~ Sur ~~l~~ l'étoffe tendue, à laquelle les ensouples font un rebord sont les ciseaux, les bobines, le bourriquet, etc.

Le garçon qui bande le métier par le milieu. Il est naturellement visible le dessin étant à l'intérieur des ensouples.

Les clous à tendre, les maillets, les emporte-pièces, sont dans ~~des~~ les boucles d'un cuir cloué au mur, faisant râtelier.

Par terre, un panier ~~de~~ plein de bobines vides, prêtes à recevoir la soie.

La Terre
l'Œuvre
Nana
Une page d'am
l'Assommoir

Schlemaner

48 r. des Écoles

Dictionnaire

Aiguilles à soie et à œil rond.

Aiguilles très fines pour la frisure.

Aiguille à passer les bouts. Grosse aiguille enfilée deux fois d'un même fil ou cordonnet, formant une boucle dans la quelle le brodeur introduit chaque bout d'or qu'il veut faire passer au travers de l'étoffe pour l'arrêter.

Les brodeuses cassent beaucoup d'aiguilles. Une bonne ouvrière enfile ses aiguilles à tâtons, en dessous du métier.

Aiguillée, de l'étendue du bras. On arrête le bout de l'aiguillée dans l'étoffe par deux ou trois petits points perdus. On fait de même en finissant. On coupe et le reste se met au Bourriquet.

L'argent de Lyon. 56 livres le marc

Battre. On bat, pour ce qui reste de la poussière, et quand c'est fini pour les ordures et les mies de pain qui ont servi à nettoyer.

Battu, trait d'or très fin, passé au cylindre et rendu en lame plate.

Bâte, partie de la chape qui sert à soutenir les deux devants.

Blanc à dessiner.

Bleu d'Inde

Bobines. Les tréfileurs vendent l'or à passer et le cordon (ou filé ?) sur des bobines par onces séparées.

~~Blan~~ Bouche, on enfile un bout de frisure ou bouillon, l'aiguille déjà ~~faite~~ arrêtée dans l'étoffe, puis on pique son aiguille à côté du premier trou

Bouillon. on le coupe par grains de deux ou trois lignes.

Dans l'atelier des crochets de fer en l'air, pour accrocher les métiers tendus.

Broche. en bois six pouces de long. petite qui

l'empêcher de rouler. On dévide l'or sur la partie évidée, on charge la broche. On passe le bout de l'or dans la fente de la tête, et on ne touche jamais à l'or ; on le dépasse du bec, à mesure qu'on l'emploie ; on en déroule quelques tours, on le repasse dans le bec, ce qui le contient et sert à le mener ferme, en travaillant.

On nomme Grenouilles les femmes ouvrières, à cause que gagnant moins que les maîtres, elles ne boivent que de l'eau.

Chaplette. Pièce de bois de cinq à six pouces d'épaisseur, de toute la largeur de l'atelier, scellée au ~~[illegible]~~ mur des fenêtres, à la hauteur des tréteaux.

Clinquant, gros trait d'or passé au cylindre, luisant et poli. Il s'emploie couché à plat avec de la soie, ou recouvert de bouillon ou grippé.

Coller. On colle la ~~de~~ broderie finie, avec de l'empois blanc, de la gomme d'Arabie, ou mieux de colle de Flandre. Il faut bien laisser sécher la colle avant de détendre. On pend le métier

Cordon d'or.

Couchure, l'or cousu à plat en deux ou trois brins d'or à côté les uns des autres, qu'on conduit à la broche. La rencontre des points de soie qui cousent l'or, forme à volonté des losanges, écailles, chevrons, dont la couchure emprunte ses différents noms.

Coutisse, les sangles du métier.

On découpe le vélin de la guipure avec un fer, sur une table de tilleul. Les fers à découper. On découpe plusieurs vélins en même temps. Les découpures aussi dans des lames d'or et d'argent

Détendre. D'abord le garçon. On tire les ficelles qu'on dévide sur ses doigts. A l'aide des clous à tendre, on enlève les petits clous. On retire les cales et les lattes. Puis on découd la broderie des coutisses. On la plie, en la protégeant avec des linges ou papier fin.

Le doigtier sur la seconde phalange du petit doigt.

Fonds, l'étoffe sur laquelle on travaille. Ordonner le fond, délivrer le fond.

Garçon s'allonge et se raccourcit à l'aide d'un écrou.

Gaucherie. Brodeuses habituées à avoir la main gauche sur le métier pour voir le jour en dessous de la main. Il serait bon de s'accoutumer à broder des deux mains. Angélique

Lignart - fils crus, cirés et dévidés sur une trochée, qu'on coud à petits points de soie pour la première carcasse de l'élevure

Menne-lourd ébauchoir de buis ou d'ivoire, pour modeler les fils à mesure qu'on les emploie

L'or en Broderie n'est que de l'argent doré : or double surdoré, surdoré, à passer, pâle ou vierge, verd, rouge ou bleu, frisé, cordon, de Lyon, de Milan, rebours.

Noms de paillettes. La très grande, la ronde, la comptée, la quatrième, le troisième, la balzac, la grande semence la semence, la quarantaine ; — puis celles à l'emporte-pièce, en ovale, cœur, amandes, losange, quarré, trefle, rosette, etoile, ronde, belle vue,

Paillon, morceaux de lames d'argent vernis de differentes couleurs.

Paté, c'est un morceau de chapeau taillé en rond, de 3 ou 4 pouces de diamètre, divisé par d'autres bandes de ~~[illegible]~~ chapeau.

Pince, outil d'acier qui sert à tirer l'aiguille, en faisant l'enlevure épaisse et dure.

Point satiné, point de chevrons, de losange, d'écaille.

Satiner, coucher un ou deux brins d'or à côté les uns des autres sur enlevure, de manière qu'on ne ~~b~~ voie par les points de soie

La soie plate qu'on refend avec les doigts en brins aussi fins qu'on veut. On s'en sert pour broder les tableaux.

Les Tournettes sont en osier, pour la soie.

Tracaner, c'est ~~...~~ devider la soie ou l'or, d'une bobine sur une autre.

Trait, on l'emploi pour le coucher.

Vélin, peau de veau preparée par un Parcheminier

Notes 31(?) 19(?) 1881

Toutes les matières employées à la broderie : l'or, les fourrures, les perles, le burgos, la marcassite taillée, les pierres précieuses, le diamant même. — Le dessin est la base de la broderie. Il faudrait que les brodeurs connussent le dessin.

Le dessin agréé, le brodeur le calque au papier huilé, double ce papier de grand-raisin et les fait piquer ensemble. On le pose sur l'étoffe, puis avec une ponçette on frotte la surface du dessin aux endroits où il est piqué, puis on repasse sur tous les traits de la ponçure avec un pinceau. La correction de l'ouvrage en dépend. On ordonne. On le ponce ensuite, on passe une mie de pain rassis(?). Les ornements d'église s'ordonnent sur le métier, lorsque l'étoffe y est tendue — On galonne en bordant l'étoffe d'un galon, pour que ~~l'ét~~ les fils du tulissage(?) ne se déchirent pas.

<u>Tente du metier</u> Difficulté de conserver
carrément l'étoffe dans son droit fil.
Tendre l'étoffe à la coutisse ni trop lâche
ni trop serrée, et les deux cotés bien égaux,
si l'on ne veut pas dégauchir l'étoffe, ou
l'allonger inégalement – Poser les deux ensubles bien parallèlement sur la Chanlatte
et sur le tréteau (On roule l'étoffe en dessus
de l'étoffe. On attache avec deux épingles les deux
extrémités de la lisière de l'étoffe, aux deux extrémités
de la sangle ou coutisse, puis on coud avec du
gros fil les deux bien ciré, en maniant l'étoffe
ferme de la main qui ne coud pas. On fait
de même pour l'autre lisière. Le droit fil de l'étoffe bien
vis à vis l'un de l'autre, à une distance bien
égale de la mortaise. Si l'étoffe a plus de largeur
que la double étendue des bras des ouvriers, et
qu'elle soit dessinée, on la roule de part d'autre
autour des ensubles, ~~jusqu'à~~ ce qu'il ne reste
entre elles que la double étendue de la main bien
écartée, ce qui se nomme <u>empan</u>. Entre les

rouler du papier fin ou du coton. On maintient les lattes, on les éloigne le plus possible ; on se sert des clous à tendre, on met les quatre clous. On enfile de la ficelle dans une grosse aiguille, on la tire. Le bout est ~~On reprend~~ mis dans un trou de la latte. On reprend les boucles et on les serre. La seconde fois, de l'autre côté, sur bande tant qu'on veut. Ce n'est qu'alors qu'avec les clous à tendre on bande ~~bon~~ du côté de l'ensemble. Comme un tambour. Proportionner l'effort à la résistance de l'étoffe. On substitue le petit clou au clou à tendre. Quand les ensembles se cambrent en dedans et rendent l'étoffe lâche au milieu on la retend par le secours d'un garrot.

— On couvre avec du papier ou du linge les parties où les ouvriers ne

travaillent par un appui-main
les femmes gagnent 25 sols par jour
— De six heures du matin à huit heures du soir.

On donne aux ouvrières plusieurs broches, ~~de~~ garnies de ligneul, de fil de Bretagne, d'or, de cordon, de trait; du fil de Bretagne en écheveaux coupé par un bout et natté; une pelote de cire, des pâtes, bourriquet; tout cela droite sur le métier — Pour la broderie en passé, des bobines chargées d'or à passer ou de cordon, ou plus communément en torches. On effile avec les doigts la lame d'or qui recouvre la soie. La soie sans or sert, d'un bout à être enfilée, et de l'autre à faire les points perdus si ~~[illegible]~~ l'or s'écorche, dans le cours de l'aiguille il faut défiler, couper la partie écorchée, la mettre au bourriquet, et rempiler.

Broderie en ronde-bosse. Fort rare, grande ~~[illegible]~~ magnifique : des figures et des animaux grandeurs comme nature. Faire modeler le sujet par un habile ouv. ; puis le copier par parties détachées, avec des morceaux de drap blanc, neufs, appliqués les uns sur les autres ; ce drap imbibé d'eau d'abord, prendra à l'aide de l'ébauchoir ou mirette-bourrel, et de plusieurs points de soie, toutes les formes désirées. On recouvre ensuite avec des morceaux de cartes à jouer, bien imbibées de colle claire. Les plis un peu outrés, les fils d'or engorgeant les formes. On recouvre ensuite avec du taffetas blanc bien collé. Sec, on dessine le détail des parties et le sens de les coucher ; puis avec de la soie bien ciré, on unit ~~bleu~~ les fils d'or les uns bien près les autres, en suivant le sens des muscles ou des draperies, ces points de soie qu'on serre se trouvent cachés par les fils et donnent à l'or la forme d'un travail d'osier. Cet ouvrage s'appelle du relief satiné. (Cariatides de quinze pieds de haut qui sont à Versailles dans l'appartement du roi, et les ornements qui couronnent son trône, merveilles.)

<u>Broderie en bas relief</u>. — Tableaux, rinceaux d'ornement, mascarons, fruits ou fleurs. Sur un petit métier, on dessine les différentes parties de son objet, détachées les unes des autres. On exprime les plus grandes saillies avec du gros fil écru et ~~or~~ ciré, conduits avec une broche, plusieurs fois, suivant le relief. On recouvre ces ligaments, en sens contraire, de fil de Bretagne bien ciré. On assujettit au fer et

a remon avec le même lacet, pour expri-
mer les fruits, nervures, ondulation. Quand
tout a sa forme, on recouvre d'or en sens
contraire des derniers fils, avec de l'or en
broche cousu à point alterné, les points se
perdent, on ne voit plus que l'or faisant
l'osier. On casse beaucoup d'aiguilles à
cause de la rencontre et de la dureté des
fils dessous (très pénible). Les graines, nervures de feuilles, revers, se font de
clinquant guipé, ou d'or traits pour
varier les effets. Ne pas biaiser ce qui fait
horizon, comme dos de revers, horizons
de fruits, rondeur de plis d'étoffe. Quand
plusieurs objets se joignent, en dominant
les uns sur les autres, on les brode sépa-
rément, on les rapporte ensuite les
uns sur les autres. Quelques points perdus
et cachés suffisent pour fixer ces différents fleurons. On peut ~~[illegible]~~ augmenter le
relief en cousant dessous du mousseline fait

Quand on a exécuté les différents sujets d'un grand morceau on les découpe, on les rapporte sur les vrais fonds, suivant le dessin tracé. Les queues et choses mignonnes se brodent sur le fond même.

Broderie en or nué. Tableau en or nué. Dessiner en traits un peu gros le sujet sur un taffetas doublé de toile forte. On couvre tout par des brins de gros or tordu et arrêtés seulement aux deux extrémités. Les brins d'or se touchent, on n'aperçoit les contours qu'en fichant son aiguille pour recouvrir l'or en embrassant deux brins à la fois, suivant les nuances du modèle peint qu'on a devant soi. Les points de soie se touchent de tous les côtés dans les endroits sombres et cachent absolument l'or. Pour les demi-teintes, on laisse voir l'or de l'épaisseur d'une

le l'or est lancé horizontalement 323 27 9/113
fois entre chaque point, et ainsi en dégra-
dant les nuances, et laissant apercevoir
plus d'or à proportion qu'on veut augmenter les lumières, jusqu'à ce qu'après
l'or ne soit plus arrêté que de loin en
loin par des soies très fines et très claires.
Les carnations se font toutes en soie plate
du sens contraire à l'or, à points satinés
très fins (point de couture). Les cheveux et la
barbe se brodent en tournant, aussi à
points fendus du sens que les boucles l'in-
diquent. Vingt aiguilles enfilées, pour
l'assortiment des nuances, pour ne pas
perdre les dégradations de ton. Patience
et intelligence. Très long. — On n'en
voit que sur les orfrois des anciens ornements d'égl. Dépense considérable

Broderie au passé. — L'objet ne doit pas avoir plus de 6 lig. d'épaisseur, autrement on le refend, etc.

Broderie en guipure. On découpe le vélin. On ponce le dessin général sur l'étoffe, ne dessine que les points de rencontre du vélin ; dessine entièrement les queues graines fleurs, tout ce qui n'a pas de vélin. Place les coupons de vélin, les fixe avec points de soie. ~~On recouvre ensuite~~ (les brodeurs ont l'art de faire tout le travail tendre, ~~[illegible]~~ dessin, vélin, coller etc ; et les ouvrières ne mettent que la soie et l'or.) Les ouvrières recouvrent ensuite ce vélin en travers d'un or de deux brins d'or, roulé sur une broche qu'elles conduisent alternativement de droite à gauche du velin, en fixant l'or à chaque retour avec un point de soie cirée, le plus près du velin possible, et l'épaisseur du velin et les retours de l'or cachent le point. Si la partie que l'on guipe est trop longue, on divise en plusieurs reprises. On lisère la grosse guipure en cordon. On guipe en frisure et bouillon à points enfilés.

<u>Broderie en rapport</u>. Tout ce qui se brode par parties détachées sur de petits métiers, pour être ensuite rassemblé l'un sur l'autre, et prendre

plus d'élévation, s'appelle du rapport.
Mais on entend communément par Broderie de rapport les morceaux ~~et qu'on appelle~~ tout faits, qu'on applique sur le fond qu'on veut

Broderie en couchure Gros fil d'or, sur une broche, un, deux et trois brins ensemble qu'on coud à plat les uns à côté des autres, d'une menue ~~la~~ point de soie (pour les broderies longues la volute d'une moulure ~~un~~ feuillage) La difficulté est d'augmenter ou de diminuer un objet qui s'allonge en s'élargissant. Alors on diminue les brins d'or sur la broche. Les points paraissent beaucoup. On ~~dit~~ les range : couchure en chevrons en écaille, en losange, en serpenteau.

Les queues se font en or frisé et con-
ché. La couchure est la plus commune
et la moins solide des Broderies. On
fait des fonds entiers de grands ronds
tournés en spirale. Ces ronds en se
mêlant les uns dans les autres font
des effets

Broderie en Gaufrure. – L'objet
dessiné, laisser tout en travers de l'objet
de gros fils bien cirés à deux lignes les
uns des autres. Horizontalement. On les
arrête par des points. On recouvre ensuite ces fils en sens contraire, avec
de l'or en deux brins sur une broche
et l'on coud cet or contre chaque
fil, en laissant échapper alternati-

venait un petit ~~[illegible]~~ panneau. Premier fil, rien au second, troisième fil, rien au quatrième. Puis, rien au premier, ~~deux~~ second fil oui, rien au troisième, quatrième oui.  Cela imite un panier d'osier. Une fleur de lis aussi, brodée d'un point ordonnet.

<u>Broderie en paillettes</u>. Un grain de frisure, puis une paillette. Cacher le point par la frisure.

<u>Broderie en taillure</u>. La plus ancienne. On dessine, on découpe, on numérote. On dessine l'objet général sur le fond. On enduit de colle les objets taillés. Quand c'est sec, on <u>profile</u>

profile tous les contours extérieurs/
On exprime quelquefois les ~~longs~~ ombres par de longs points de soie, ce qui
s'appelle hachés ou hache bache'. Quelque
fois on double à dessous des feuilles ou
compartiments avec du drap, ce qui
s'appelle emboutir. La taillure se
fait de glacé ou tissu d'or, on y
brode des ff feuilles ou des moulures de
guipure ou de satiné, et des enjolive-
ments de paillettes.

<u>De la Broderie en nuance</u> — La broderie nuée, soit en soie, soit en laine exige beaucoup de goût et d'intelligence. Non seulement les formes comme celle de l'or et de l'argent, mais encore elle ~~pour~~ peint leur couleur et leurs dégradations. Les points doivent se courber selon les nervures des feuilles pour en exprimer le mouvement. Placer les teintes à propos, éviter les épaisseurs et la multiplicité des couleurs. Grands points dans les grandes parties, les petits ôtent le lustre de la soie. Des tableaux d'histoire, des paysages, même des portraits, chefs-d'œuvre rares. La soie plate, à points fendus et rentrants les uns dans les autres. Dans le sens des muscles. Point d'enlevure dessous. On refend la soie avec les doigts aussi mince qu'on la désire. On exprime les ombres par des soies de plus en plus vives. — Procédé plus expéditif, on laisse une ou

plusieurs nuances d'un bout à l'autre de chaque objet, en les fondant ; ~~se~~ puis, quand la surface est couverte, on la croise d'autres soies fines assorties aux premières nuances et lancées à la distance de deux ou trois lignes les unes des autres ; puis on les arrête avec des petits points, ce qui s'appelle <u>racher</u>. Les ~~feuilles~~ queues et les nervures se font à points fendus.

<u>Blason</u>. — Les émaux du blason se brodent en cordonnet couché dans le même sens que l'on exprime leur couleur sur le dessin. Les métaux, or et argent, s'expriment par l'or et l'argent couché ou satiné. — Il est assez d'usage de séparer les quartiers qui composent le blason, ainsi que les surtouts, par une formation ou profil noir. Les

couronnes, cartouches, supports, et doivent être brodés de rapport, afin de pouvoir être emboutis à volonté – Les yeux des animaux qui servent de support, se font d'un gros grain de jais noir, rond ou ovale, percé et rattaché de quelques points de soie, ce qui exprime très bien la prunelle. – Le cri des armes, les devises et les légendes se brodent sur des banderolles de laine ou d'argent couché. Les lettres se font en soie ou laine noire passée.

Explications des planches. — J'ai déjà la première, où il n'y a que des outils, et la seconde où se trouve l'atelier.

Rouet à ~~dif~~ devider et à trancaner. la soie. Un plateau, une roue avec une nivelle ~~ab~~ dont le trait sans fin actionne les bobines.

Bordure d'habit brodé, partie en couchure, partie en guipure. Feuilles couchées en chevrons. Paillettes attachées d'une croix d'or (pour des graines). Rond couché en tournant. Les queues des fleurs se font en frisé couché.

Graines de fleurs faites d'un point de bouillon et d'une boucle de frisure. Fond d'un galon de couleur orné de quelques paillettes. Revers de clinquant guipé. Fils placés d'espace en espace pour varier l'effet de la couleur.

En pratique, une bordure

Bois ~~de~~ (branches de) exprimés par trois points de frisure et trois points de bouillon guipés alternativement.

Réseau à l'aiguille – Des feuilles de laurier en paillettes comptées, des nervures en frisure ~~qui~~ guipée ; les roses en paillon attachées de frisure

Le clinquant est plissé (le clinquant est le trait applati. Quand on le guipe, ~~otez~~ il faut que chaque brin morde un peu sur le voisin

Le cordon à lisérer les compartiments. Rien

Paillettes comptées (non qui vont en diminuant) attachées d'un grain de frisure.

Deux ~~aunes~~ lez de satin de deux aunes chaque, lesquels étant assemblés suffisent pour faire toutes les parties d'une chasuble, étole, manipule et bourse. — Une demi aune de satin pour le voile de calice

Roret

Broderies

Les brodeuses devraient ~~fa~~ savoir dessiner, faire leurs dessins, car elles altèrent les dessins qu'on leur donne. Angélique aura le don du dessin. Les dessins gravés mauvais. Les meilleurs, les dessins à la main = Il faut souvent régulariser le dessin, le changer pour les coins, les centres ; c'est là où elle triomphe. Puis, économie, car avec deux ou trois dessins anciens, elle en fait dix en les mêlant et les transformant. On en varie la disposition, on renouvelle les formes, on change les proportions.

Sous Charles IX, sous Henri III, vêtements tout raides de broderies. En 1767, à Lyon, on fait des étoffes à 600 fr. l'aune pour habit d'homme. En 1272, Étienne Boileau, prévôt de Paris, ~~réunit~~ réunit les brodeurs en communauté sous les noms de brodeurs, découpeurs, égratigneurs

chasubliers. Les Hubert sont des chasubliers.
Les brodeurs ne pouvaient se faire aider que par des filles ou fils de maîtres. Les brodeurs du roi privilégiés, qui faisaient enlever chez les autres les ouvriers.

Calque ordinaire à la vitre (12). – Calque au papier transparent. On est assis. – Calque au frottement métallique. On met le dessin sur une toile, un papier à lettre dessus, et on passe dessus une cuiller d'étain (14). Calque sur l'étoffe, pour les étoffes sans transparence. – Ponçage, le dessin piqué et appliqué avec un tampon, une ponnette (16).

Angélique peut copier des fleurs et des feuilles sur nature (revoir 22.)

Le dessin des étoffes tendues sur un métier (31) – Dessin par application

Ouvrages en perles (197) Du canevas très fin ou de la toile. Soie torse bien fine, aiguille fine. Les perles par couleur dans une boîte à compartiments. Chaque carreau du dessin indique une perle. Les perles se placent à l'aide du gros point.

Broderie en soie demi nuance (220) Autrefois, soies de Grenade, aujourd'hui soie française. Le point est le passé. Le point bien régulièrement. Laisser le point pour les lignes longues.

Le lamé de soie (230) est une petite feuille sans queue, gaufrée, découpée à l'emporte-pièce. L'étoffe est montée sur un métier et reçoit le lamé en forme de plein. La brodeuse, assise, fixe le lamé à l'endroit voulu par un point à un bout et un point à l'autre bout avec de la soie couleur du lamé. (Voir les détails 231.)

Voir un travail d'écran en lamé or velours et d'or (232) figure 263, pl. 36. On ~~met de~~ couvre certains lamés de points au passé, écarté, à l'aide d'une soie plus claire, qui adoucit le ton du lamé.

Broderie en or. — Le lamé d'or plus grand que le lamé de soie. Les trous, pour l'arrêt, sont tout faits. — Les paillettes [illegible] d'or et d'argent ne sont plus employés que pour les costumes de théâtre, les uniformes etc. *La paillette*, ronde, avec un trou au milieu. *Le bouillon* est un large trait d'or arrondi, formant un tuyau de quelques lignes. *La frisure* est un trait d'or mat roulé en tire-bouchon. Le *clinquant* est un gros trait d'or passé plusieurs fois au cylindre. Les paillettes et ces divers traits d'or se placent dans une boît[e]

de léger carton à compartiment appliqué. Les aiguilles sont longues et très
fines, la soie fine et torse assortie à
la couleur; ou la cire. Les aiguilles fort
longues pour les paillettes (Moyen de coudre
les paillettes, 237) — On ombre sur or
avec de la soie, pour obtenir des doubles nuances.

— Broderie lancée ou en couchure. La
même chose que la broderie lancée en soie.
Vous lancez ou couchez des fils d'or d'un
bout à l'autre du dessin, avec la broche
(bobine particulière) puis vous les arrêtez un
à un ~~or~~, par un point de soie, couleur dorée.
Vous coupez tous les bouts de fil d'or, après
avoir bien serré le point et vous cachez, en
assurant la broderie par des points en pointillé.
— Quelquefois on colle les fils d'or avec de
l'eau fortement gommée. On brode avec

des cordonnets d'or, ~~passe cou~~ qui se couvrent entre les pointes tout pris en dessous, afin de n'être pas aperçus. – On peut ombrer en soie sur la broderie lancée d'or.

Broderie appliquée – On prépare de petits morceaux de coton ou de velin, ou de dévidement, de la forme voulue, que l'on coud au fil jaune. Puis on brode dessus.

Broderie de rapport. On prépare d'avance des broderies en or, qu'on applique ensuite tout d'un coup. – On ordonne premièrement le dessin marceline (soie), toile ou papier jaune. Puis on borde, on profile les contours extérieurs avec une bruinette d'or, nommée pratique, avec frisure et bouillon. Puis on remplit au passé, en paillettes, en lamé, en couchure, en guipure. –

Broderie en réseau. Broderie lancée

fil d'or cœur de plier 342, 46 V°

écarté, qui laisse apercevoir l'étoffe. Fils croisés en grillage, en losange, en chevron. On peut mettre dessous une autre fond que l'étoffe du fond, satin rose, velours vert.

(242) <u>Broderie en taillure</u>. C'est une application d'étoffe sur étoffe. Les dessins sont poncés sur une étoffe, puis découpés, puis ~~[illegible]~~ collés sur le fond choisi, puis cousus. Puis on les lisère avec un cordon d'or, ou de ~~[illegible]~~ la soie. Si l'on veut on les ombre de longs points de soie, en passé écarté ; ce qui s'appelle <u>harper</u> ou <u>hachebarder</u>. Cela convient pour bannières, devant d'autel, voile épais pour malades.—

Broderie au passé ~~[illegible]~~ en or ou en argent

le point au passé ~~[illegible]~~ doit avoir une petite dimension 1.6 lignes au plus de largeur.

pour que le point soit solide. Si la pièce a plus de largeur, on la subdivise, on en refend en plusieurs cordons. Des petites feuilles au passé (des cordons, des palanches, des feuilles), avec une barre de frisure pour nervure. En un mot on ne brode au passé en or ou en argent que des toutes petites parties. Les grandes sont faites au lancé ou en couchure. — On peut bourrer le passé sur les fortes étoffes, avec du velours ou du papier. Cette broderie en or est peu éclatante et donne du relief aux autres.

Perles d'or employées comme centres de fleurs, grappes, panicules, petits boutons.

Quand on brode à fil d'or, on effile l'aiguillée un bon pouce chaque bout

Broderie en guipure - Un peu
large de la broderie appliquée, du passé
et de la broderie en couchure.
La broche est un outil de buis, long
de 6 pouces, ayant une petite triangulaire
pour l'empêcher de rouler. On ne touche jamais
l'or en travaillant mais seulement la
broche. Un ~~[illegible]~~ dévidoir pour charger
de fils d'or les broches
On découpe le vélin, on le fixe par
deux fils d'or en travers. On conduit
l'or alternativement sur le vélin d'un bout
à l'autre, et on le fixe à chaque retour avec
de la soie cirée. On ne borde d'un liséré
d'or que pour les ornements d'église
Quand la partie à guiper est trop large,
on conduit le fil de bout en bout tout
de même mais on les fixe par des
points d'espace en espace — Autour des

le centre uniformément doré, on met une broderie variée. On guipe tout au travers : soit en frisure et en bouillon à pointes enfilés, et placés dans un sens oblique ; soit quatre points de frisure et quatre point de bouillon ; soit une guipure en trait ou en clinquant. — La frisure et l'or fil doivent être rangés côte à côte sans jamais se croiser ni se recouvrir. Le clinquant doit, à chaque retour, recouvrir le tiers de sa lame.

Broderie en gaufrure. — D'abord on guipe avec des gros fil ciré, cela s'appelle l'arbevure. Puis on les recouvre en sens contraire avec le fil d'or en deux brins. Comme ils s'écarteraient, on coud le fil d'or en dessous de deux gros fils en deux gros fils. Cela imite les mignons l'osier

Broderie au satiné et en bas-relief
— ~~tout~~ Le satiné, sorte de gaufrure
— En ronde-bosse, l'intérieur est en drap, carton ou feutre, modelé par un sculpteur — En or nué (le plus chic) déjà perdu sous St Aubin frais énorme. On unit à la couture à la guipure tous les soins recommandés pour la broderie en soie nuancée. Cette sculpture, peinture et l'art de broder en or

On colle les broderies en or et en soie après les avoir démontées. Le collage [illegible] affermit la guipure et sert à [illegible] à fixer les bouts qui ne seraient pas solidement arrêtés.

Couvrir les parties brodées, au fur et à mesure, avec du papier de soie. Aiguilles à large tête pour ne pas user le fil d'or — Le bourriquet où l'on met les déchets. — Dévider à l'aide d'un rouet, pour ne pas tordre les fils.

Ornements d'église brodés en soie ou en or. — Chapes, chasubles, dalmatiques, étoles, mitres, voiles de calice et de ciboire, corporaux, petits rideaux de tabernacle, bannière d'ostensoir, bannières ordinaires poêles, dais, devants ou parements d'autel, voiles et robes de Vierge, châsses, bourses à quêter, coussins et tapis de tous genres.

Les parties brodées des ornements sacrés s'appellent <u>orfrois</u>. Les bandes d'une dalmatique, les bandes et le chaperon d'une chappe. On les fait souvent d'une étoffe brochée plus riche que le fond. On les brode aussi en soie plate nuancée de fleurs grandes comme nature. Une chasuble en velours blanc, avec croix remplies de fortes roses, de lis. — Satin, soie, velours. — Les fleurs pour les ~~ex~~ peintures et orfrois, des fleurs à contours vives et tranchantes : tulipes, pivoines, grenades, renoncules, passiflores, impériales, iris, hortensias, dahlias, camélias, larges oeillets. Au centre des ornements, au milieu de la croix # on met un symbole comme : un calice, un triangle entouré de rayons, le chiffre de Marie, JHS. Ils doivent être en or, lorsque l'orfroi est brodé en soie nuancée — On habille les noires statues de vierges de robe de satin blanc brodé de paillettes avec un voile brodé de même

<u>Des</u> linges et ornements sacrés : Le corporal, destiné à recevoir le corps de N. S. Linge sacré portant une croix sur la partie antérieure — La chasuble, l'étole, le manipule. Il y a cinq couleurs : le blanc, le rouge, le vert, le violet et le noir. Les étoffes d'or peut servir les jours où l'on se servirait du blanc, du

rouge et du vert. — Les ornements sont donc assortis aux fêtes de l'église, ainsi ~~les~~ ceux de la Fête-Dieu sont ordinairement à fond rouge brodés en or : raisins mélangés d'épis sur velours cramoisi : moitié en broderie lancée, moitié en guipure. Quelquefois les grains allongés de l'épi, les grains arrondis du raisin se font en or lamé brillant — Les ornements des fêtes de la Vierge sont blancs, avec broderies de lis d'or, souvent brodés en couchure et au passé. — Beaucoup d'ornements sont en brocard d'or, avec des orfrois de satin et de quinze seize blanc, brodés en soie nuancée — Beaucoup de chappes en velours rouge, avec chaperons

351 55

brodé, peint ou broché. La mitre se fait de glacé ou tissu d'or et d'argent, brodé plus ou moins riche.

Dictionnaire :

Aiguille à chasse longue.

Bouillon, petite lame métallique roulée en tire bouchon, formant tuyau, coupée en barre de deux ou trois lignes. Bouillon d'or, bouillon d'argent.

Broche

Cannetille, nom commun de bouillon et de la frisure. Broder en cannetille, pour broder en or.

Coutisses, les bandes de coutil des métiers, clouées sur les ensubles.

Doigtier, anneau de cuir, de ferblanc ou d'ivoire, en or pour le petit doigt, quand on brode

382 56 [illegible]

<u>Effiler</u> les aiguillées d'or.

<u>Enroller</u> la broderie

<u>Ensubles</u> du métier, les bois

<u>Enlevure</u> (faire) guiper en or sur le vélin

<u>Frisure</u>, petit tuyau d'or.

<u>Galonner</u>: coudre des galons à l'étoffe et aux ensubles

<u>Gaufrure</u>, broderie en or gauffrée

<u>Grimer</u>, la broderie qui plisse.

<u>Guipure</u>, Broderie dont les brins de fil d'or sont rangés et cousus à mesure aux deux côtés du vélin.

<u>Harper</u> ou <u>hachebacher</u>. Faire les longs points de soie sur la broderie en taille pour imiter des plis ou des ombres

<u>Larmes</u>, de soie, d'or, d'argent.

<u>Lancée</u>. La broderie lancée ou couchée

<u>Lattes</u> - Bandes latérales du métier.

a broder, tracées pour faciliter le treillissage, et elles pénètrent dans les mortaises des ensuples, auxquelles elles tiennent par des chevilles.

Mat. des parties mates.

Ombrer, passer des points de soie torse sur des lames ; en broderie d'or c'est mêler à propos les diverses espèces d'or et de cannetille.

Ordonner. Passer à l'encre ou au blanc les traces de la piqûre.

Orfrois Parties brodées ou dorées des ornements d'église.

Pâté. Boîte pour les différentes sortes d'or

Ponçage, poncer, poncette.

Racher. Terminer une broderie lancée par des petits points formant pointillé

3945.8

__Remaissier__. Remettre des points en passé sur une broderie terminée.

__Tracaner__. Sur dévider le fil d'or à l'aide d'un rouet.

__Trait__. fil d'or ou d'argent, rond délié, sans soie dedans. On l'emploie en couchure seulement.

__Trélisser__, attacher l'étoffe avec de longs fils.

388 — 59 VIII

La Broderie

Dans les premiers siècles du moyen âge, la broderie fut surtout employée pour les ornements d'église. Puis, on l'appliqua au costume laïque, avec ~~les~~ profusion. Artistes qui faisaient les dessins. Elle n'est plus exécutée que d'une façon restreinte.

Avant 89, les brodeurs formaient une corporation. L'apprentissage durait six ans, le compagnonnage trois ans, et la maîtrise coûtait six cents livres. Saint-Clair était le patron des brodeurs.

La broderie de couleur. Sur un tissu quelconque, soie, laine, coton, avec de la soie, de la laine, des fils d'or, d'argent, de toutes nuances. Six genres : <u>broderie appliquée</u>, avec des dessous ~~de~~ de parchemin, de papier ou de coton, qui arrondissent les reliefs ; la broderie d'application, de morceaux de soie, de velours, collés ou cousus sur la soie ; la broderie en couchure ou au lancé, faciles ou passementerie cousue; la broderie au passé, pareille au plumetis, uniforme des deux côtés de l'étoffe; la broderie au passé épargné, irrégulière au revers; la broderie en guipure, mélange de couchure et d'application.

Broderie en soie, en laine, en coton; broderie de perle, d'or, d'argent; application de velours, de drap. Broderie en relief, broderie plate. Broderie au crochet, au tambour, au métier, à l'aiguille.

doivent payer 100 livres et 15 livres à la confrérie pour être tenus que du petit chef d'œuvre. Le grand chef d'œuvre dure deux mois et le petit huit jours.

Les Veuves restant en viduité, jouissent de tous les privilèges, hors de faire des apprentis.

L'apprenti étranger, c'est à dire des autres villes où il y a maîtrise, n'est reçu à travailler chez les Maîtres que pour deux mois.

Nul Maître ne peut s'associer avec un Compagnon.

Les Maîtres sont distingués en Jeunes, modernes et anciens, Les Anciens sont ceux qui ont 30 ans de réception, les modernes 20 et les Jeunes dix.

Il en doit assister 10 de chaque classe avec les Jurés quand on donne le chef d'œuvre à l'aspirant.

Enfin, nulle assemblée n'est légitime ni suffisante pour régler et décider les affaires s'il n'y a 30 maîtres outre les Jurés. Les autres sont néanmoins avertis par le Clerc de la Communauté.

On ne comprend ici sous le nom de Brodeurs que les ouvriers qui travaillent sur des étoffes montées sur des métiers.

On distingue différentes sortes de broderies qui ont des noms particuliers : telle que la Broderie appliquée dont les figures sont relevées et arrondies par le coton ou le velin que l'on a mis dessous pour la soutenir; La Broderie passée qui paraît des deux côtés de l'étoffe. On choisit pour cela celles qui sont légères et qui n'ont point d'envers, comme les taffetas, les gazes, les mousselines les rubans. La Broderie plate qui a des figures unies sans frisures, paillettes ni autres ornements. La Broderie en guipure, se fait en or et argent. Lorsque le dessin est tracé sur l'étoffe, on lui applique un Vélin découpé, puis l'on coud l'or et l'argent dessus avec de la soie. On emploie dans cette broderie de l'or ou de l'argent frisé du clinquant, du bouillon de plusieurs façons, on y met aussi des paillettes. La Broderie en couchure où l'or et l'arg sont couchés immédiatement sur le dessin. On les coud avec de la soie de la même couleur.

La Broderie au métier est beaucoup plus ancienne et plus expéditive que la Broderie au point de chaînette qui imitant de près la dentelle par la finesse, la netteté et la variété de ses points est plus longue en ce qu'il en faut compter les fils de long en travers. Cette dernière broderie qui s'exécute sur toile et mousseline est libre et se fait par des femmes qui ne sont sujettes à aucuns statuts et par conséquent à aucuns droits.

Le Bureau des Brodeurs est rue Montorgueil, aux Petits carreaux et au coin de la rue St Sauveur. Leur Patron est Saint Clair, et leur Confrérie aux Grands Augustins. Le brevet d'apprentissage est de 30 livres et la Maîtrise 600 livres

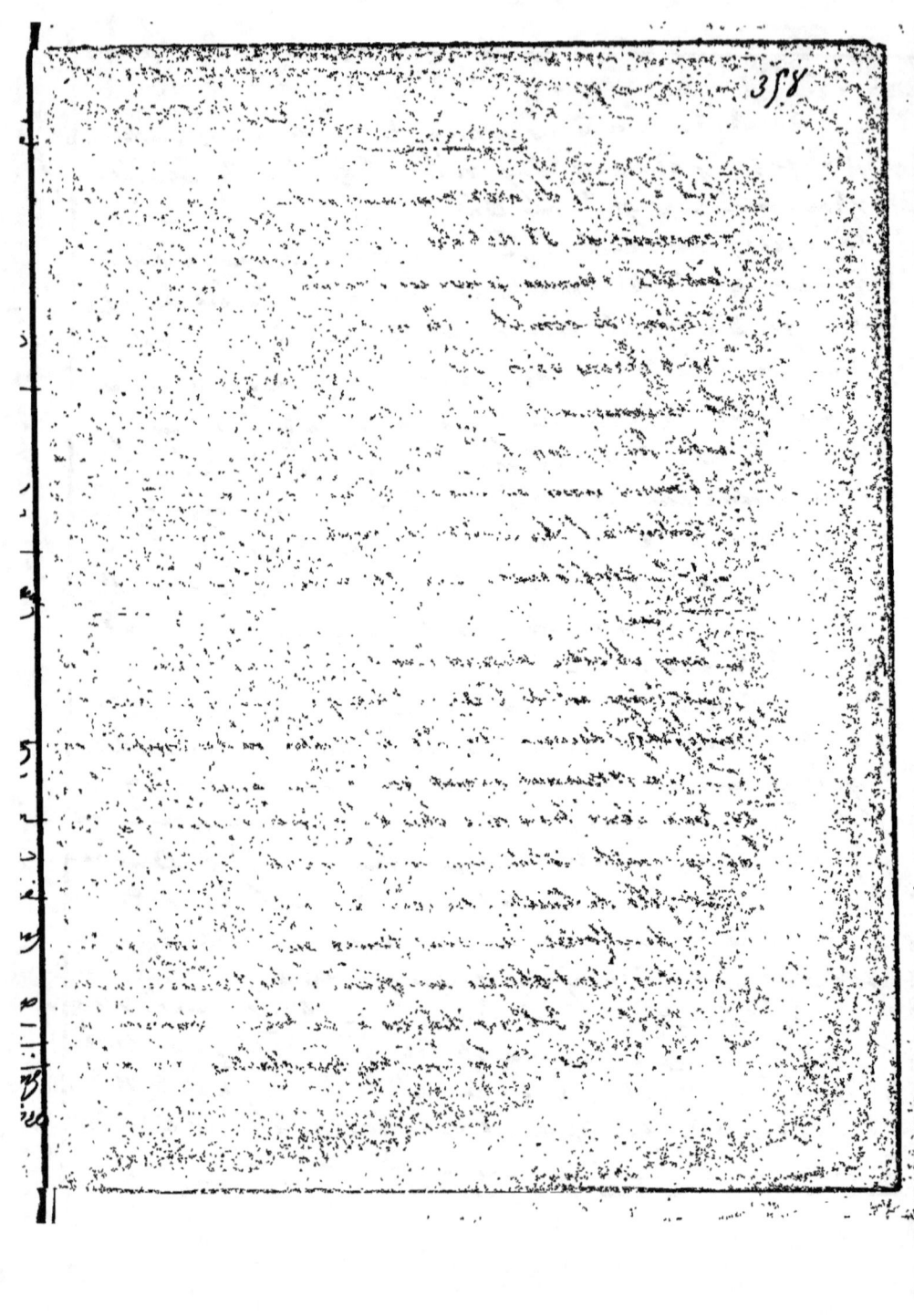

Brodeurs-Chasubliers.

Les Statuts de cette communauté sont de 1648; ils sont composés de 58 articles, dont 30 contiennent la police qui doit être observée pour les élections des Jurés, les visites les redditions de compte; les autres 28 articles traitent de leurs differens ouvrages

La Communauté ne doit être composée que de 200 Maîtres de quatre Jurés, dont deux sont élus tous les ans le 3 février et qui doivent avoir au moins dix ans de réception. Ces Jurés veillent à l'observation des réglements, font des visites, donnent le chef d'œuvre aux Aspirans et les reçoivent à la maîtrise.

Aucun Maître ne peut avoir plus d'un Apprenti dont l'apprentissage est de 6 ans - Ceux qui sont reçus audit apprentissage doivent être fils de Maître ou de Compagnon -

Chaque Aspirant avant que de demander chef d'œuvre doit avoir servi trois ans chez les Maîtres après l'apprentissage accompli, et être au moins âgé de 20 ans.

Les fils de Maître ou ceux qui ont épousé les filles ou veuves de Maître, ne sont tenus qu'à du petit chef d'œuvre tous les autres sont obligés au grand. Les premiers peuvent les racheter pour 3 livres payées à la bourse commune, en faisant néanmoins une course chez les Maîtres. Les derniers

vanterait moins. Il serait bien à souhaiter que la précaution n'eût lieu que dans cette occasion.

Les toiles trop frappées ne sont guère susceptibles de ces ornements. et en effet on n'y en voit point. Les Mousselines même doivent être simples. Les plus fines sont les meilleures pour être brodées. Les doubles à cause de leur tissure pressée et pleine, réussissent pour la broderie dans la classe des toiles, sur lesquelles elle est du moins inutile (Encycl.)

On apporte des Indes Orientales de très belles Mousselines brodées avec du coton sur toutes sortes de toiles; et d'autres avec de la soie de même que des étoffes de soie brochées.

Il y a diverses sortes de broderies, entre autres des Broderies à deux endroits c'est à dire qui paraissent des deux côtés. Elles ne se peuvent faire que sur des étoffes légères et qui n'ont point d'envers, comme les taffetas, les gazes, les mousselines et les rubans: des Broderies emboutties, celles-ci sont d'un ouvrage plus élevé, qu'on soutient avec de la laine, du coton, du crin, du drap et autres choses semblables, pour les faire davantage paraître et lui donner plus de relief. des Broderies plates; ce sont celles qui sont couchées à plat sur l'étoffe sans avoir de garniture entre deux. Enfin les découpures d'étoffes, les liserages de cordonnet, de chenilles et de nœuds les chaînettes et ces représentations de figures dessinées et nuées au naturel dont les chasubliers enrichissent les orfrois des chapes, chasubles, tuniques aussi bien que les paremens, les retables et les devants d'autel sont autant d'espèces de broderies qui, ainsi que les autres, ne sont permises qu'aux maîtres Brodeurs de Paris (Voyez Brodeur)

Broderie appliquée, est celle dont les figures sont relevées et arrondies par le coton ou vélin qu'on met dessous pour la soutenir.

Broderie en couchure est celle dont l'or et l'argent est couché sur le dessin et est cousu avec de la soie de la même couleur.

Broderie en guipure se fait en or ou en argent. On dessine sur l'étoffe, ensuite on met du vélin découpé puis l'on coud l'or ou l'argent dessus avec de la soie. On met dans cette broderie de l'or ou de l'argent frisé, du clinquant, du bouillon de plusieurs façons; On y met aussi des paillettes.

Broderie passée est celle qui paraît des deux côtés de l'étoffe

Broderie plate est celle dont les figures sont plates et unies sans frisure paillettes ni autres ornements.

Brodeur = Ouvrier qui travaille en broderie. Les Maîtres Brodeurs de Paris prennent la qualité de Maîtres-Brodeurs-Chasubliers à cause que les Chasubles, vêtements dont les Prêtres se servent pour célébrer la Messe sont aussi bien que les autres ornements d'Eglise, du nombre des ouvrages qu'il leur est permis de tailler, de faire, et de broder.

Les statuts de leur Communauté ont été dressés en 1648; ils sont 3e: B

(Voir une note déjà relevée) Brodeurs

Brodeuses – Outre les filles qui travaillent chez les Maîtres
rodeurs ; il y a de certaines Ouvrières, qu'on nomme particulièrem
rodeuses de gaze que les Marchands Merciers occupent à
availler en diverses sortes de broderies, ouvrages et embellissemen
r les gazes dont on fait les coeffes et les écharpes. Elles
assent pour filles de boutique des Merciers, à qui il est permi
enjoliver les marchandises qu'ils vendent, et, en cette qualité,
e sont point sujettes aux statuts, ni aux visites des Maîtres
rodeurs =

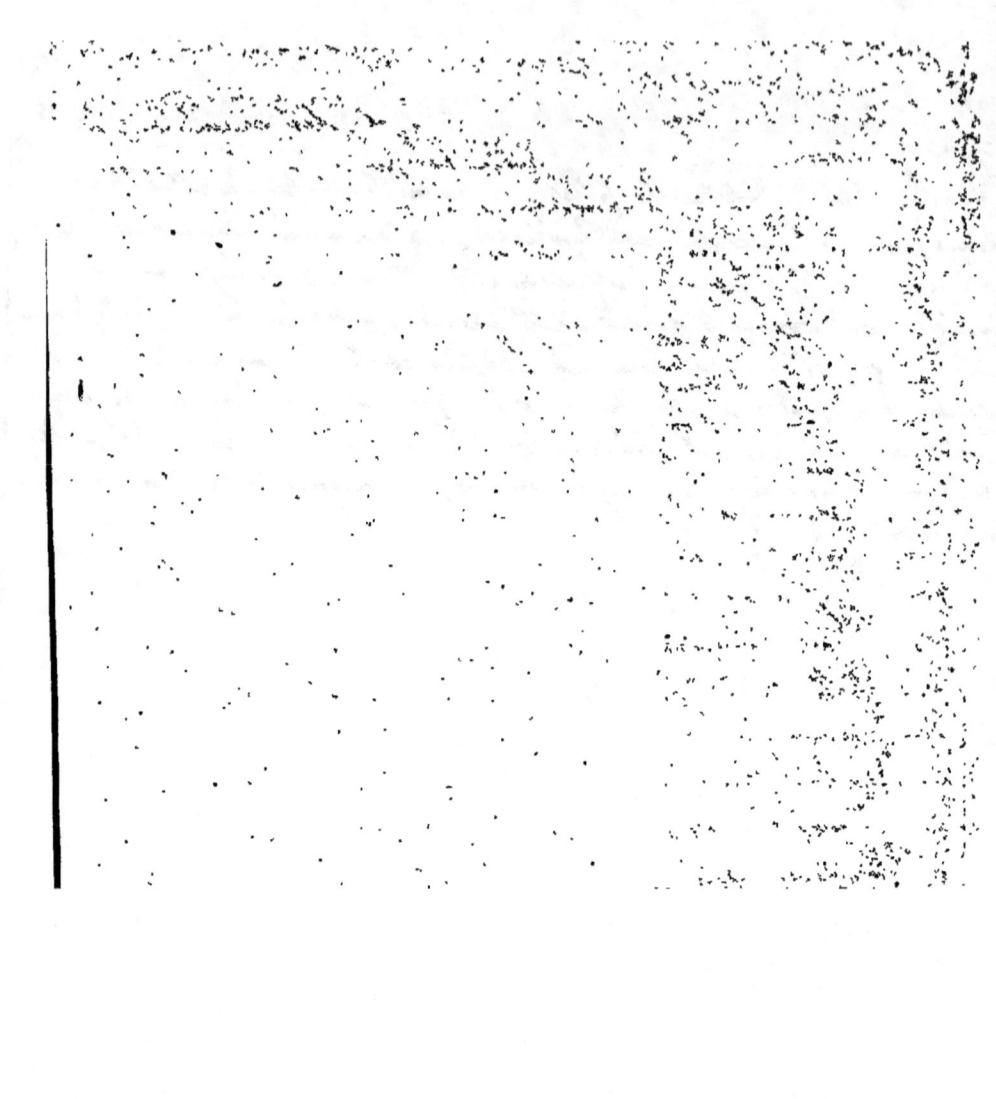

Broder. – On brode avec du jays, de la laine, du fil, des chenilles, du cordonnet, des nœuds, q.q fois même avec des perles pour les ouvrages précieux. – On brode des couvertures de mulets, des guidons, des étendarts, des tapis, des timbales et des trompettes, des housses de chevaux, &c.

Broderie – Ouvrage en or, argent ou soie formé à l'aiguille, d'un dessin quelconque, sur des étoffes ou de la mousseline. Dans les étoffes on fait usage d'un métier qui sert à étendre la pièce, qui se travaille d'autant mieux qu'elle est plus tendue. Quant à la mousseline, les ornements qu'on y applique dépendent de sa qualité: on la bâtit sur un patron dessiné qui se tient à la main; quelquefois on l'empèse avant que de la monter sur ce patron, quand l'ouvrière juge par la qualité qu'elle lui reconnaît qu'elle sera difficile à manier. Les traits du dessin se remplissent, ainsi que q.q. unes des feuilles, de piqué et de coulé (Voyez ces mots). Les fleurs se forment de différents points à jour au choix de l'ouvrière; choix toujours fondé sur le plus ou le moins d'effet que l'on pense qui résultera d'un point ou d'un autre.

La Broderie au métier est d'une grande ancienneté, Dieu ordonna qu'on en enrichît l'arche et d'autres ornements du temple des Juifs. Mais la Broderie en mousseline pourrait bien ne pas remonter si haut. Les broderies de cette espèce suivant en tout les dessins des belles dentelles, et la plus part des points des unes ayant pris le nom du pays où les autres se font; car on dit point d'Hongrie point de Saxe, &c. il y a lieu de croire que de la broderie qui n'est vraiment qu'une imitation de la dentelle, ce n'est venue qu'après. surtout si l'on fait attention que la broderie s'est plus perfectionnée dans les pays où les dentelles sont les plus belles, comme en Saxe que partout ailleurs (a)

La Broderie au métier paraît bien moins longue que l'autre, dans laquelle, du moins pour le remplissage des fleurs, il faut compter sans cesse les fils de la mousseline tant en long qu'en travers, mais en revanche cette dernière est beaucoup plus riche en points et dès là susceptible de beaucoup plus de variété. La Broderie en mousseline la plus estimée est celle de Saxe; on en fait cependant d'aussi belle dans d'autres contrées de l'Europe, surtout en France (b); mais la réputation des ouvrières Saxonnes est faite; les Françaises feraient mieux qu'on les

---

(a) Les plus belles dentelles viennent de Flandres, et l'on ne voit point où ils ne vient point de broderies de ce pays là, ni de dentelles de Saxe. Ainsi ce qu'on dit ici ne s'accorde pas avec ce fait.

(b) Principalement à Berlin et à Genève, d'où on en envoie beaucoup en France et partout.

Bizarrerie des robes et des bracelets.

Pour les califes, les bottes, les fourreaux de sabre.

La chape s'appelait le pluvial (60)

Mitre  titulus
circulus, couronne ou bord
bordure de pierreries

L'inventaire de l'évêque, à sa consécration reçoit des gants brodés en couleur ou en or (60)

Une chape donnée par Charlemagne :
(grandes aigles aux ailes éployées, des monstres broderies leurs pattes (soie rouge) 61

(Chape de Lyon, superbe, beaucoup de sujets (62)

Une mitre avec le martyre de St Laurent (62).)

La dalmatique impériale, le plus bel objet de broderie du monde (72) Description

Le chef-d'œuvre, ses plusieurs personnages en or nué (82)

Les annonciations (84)

Quinzième siècle, scènes dans des cercles quadrilobés. (87)

Arbre de Jessé (88) Description à prendre (88)

Dix-huit personnages brodés en pied sur les orfrois de velours rouge et superposés dans les encadrements d'architecture — Relief des figures (92)

Beaux orfrois d'époque Van Eyck, avec pierres précieuses (98)

Belle croix de Marsible à prendre (91) simple. Christ en croix, personnage en bas (expl. 101) date 1510.

Une belle mitre à prendre, en l'arrangeant (102)

Une belle chasuble avec la vierge à prendre pour la mitre (106)

Célèbres brodeurs de Bourges. Colin Jolye et Simonne de Gaules.

Tableau Ecce Homo (121)

Broderie mortuaire (espagnol) très belle (124)

Très belle croix de Marille (arche de Gené!)

Beaux triptyque peint (126 fig. 57)

Beau parement d'autel, une merveille (127)

Voir belle croix de chapelle Louis XIII (139) Or et argent

Dessin d'une mitre (164)

Le ~~Eglise Saint Eutrope~~ Chateau de Hautecœur

—

La Maison des Hubert.

—

Le Quartier

Le Château de Hautecœur

L'époque et l'architecture sont à régler. ~~Gross~~ Grosses tours en tous cas, à l'ombre desquelles se trouvent la maison des Hubert. Un lierre immense ~~sa~~ sans doute. Des oiseaux dans le lierre. Des ronciers dans le jardin. Animer tout. — Mais ce qu'il me faut surtout, c'est une légende sur le château. Une légende de femme. On dit que les châtelaines y meurent ~~m~~ jeunes, en plein bonheur, en pleine passion, et que les morts y vont par deux. J'aurais donc la mère et la fille au ~~quinz~~ quinzième siècle, et la mère de Félicien, puis Angélique.

La ~~première~~ seconde, la ~~dame~~ fille, morte de joie au retour de son mari, qu'elle croyait tué. Elle était sur la tour à l'attendre, elle descend et elle meurt dans l'escalier, suffoquée de bonheur. On dit que son ombre descend toujours l'escalier — La ~~seconde~~ première, la ~~fille~~ mère, ~~se relevait la nuit se relevait la nuit avec son mari pour mourir~~ est morte dans sa tendresse pour son fiancé. Le soir où on l'a fiancée à un cousin à elle qui habite le château, elle s'est mise à la fenêtre de sa chambre, tandis que le cousin était à la sienne, d'une tour à l'autre. Et ils se sont regardés si bien qu'il lui a semblé qu'il venait à elle, comme si ~~le~~ un rayon de lune faisait un pont, et elle a voulu marcher à lui. Elle a marché un instant, dit la légende ; puis elle est tombée et était sortie du rayon

s'est brisée au pied des tours.
Mais on dit toujours ~~qu'elle~~
quand la lune éclaire le château,
qu'elle marche dans l'air tout
autour : sa robe blanche qui est
le clair de lune même. Et elle
dans un élan, dans un souffle,
dans un évanouissement d'amour.
Elle est autour du château -
tandis que la seconde Balbine ne
revient qu'à l'intérieur. On
la voit sans cesse descendre les
étages, passer comme une ombre
devant les fenêtres. Enfin, la
mère de Félicien est morte en
couches. Elle s'appelait Paule. ~~On~~ Elle
n'est morte que des suites de couches,
et on l'a trouvée étendue sur le
tapis, devant le berceau de son fils.

Elle s'était levée pour embrasser
son fils, vivement désiré, ~~et~~
en se sentant mourir sans doute.
D'autres mortes, jeunes et heureuses
Ysabeau, ~~Mari~~ Irénée, Gudule, Yvonne
Clentheberthe ~~Simonne~~, qui toutes reviennent. Le
vol blanc de toutes ces ~~fi~~ femmes
heureuses mortes jeunes.

Mais je ne puis garder le château entier, entièrement conservé. Cela serait peu
historique. Je le fais donc démanteler sous
la Ligue, vers la fin du seizième; et ce
n'est que plus tard que le seigneur actuel,
Jean XII a fait réparer une partie du
château. Il faut que son père, Félicien
VIII, ait commencé avant la révolution, en
1780, à l'âge de vingt ans, à réparer l'appartement
dans lequel ~~plut~~ plus tard accouchera Paule, la

femme de Jean XII. Celui-ci, qui a 60 en
1866, est donc né sous l'empire en 1806. Il
a eu son fils Félicien à 40 ans 1846. Marié
tard à 38 ans avec une jeune fille de 20.
De là sa passion pour elle. A servi sous la
Restauration, jusqu'en 1830, a donc donné
sa démission ~~[illegible]~~ à l'âge de 24 ans. Une
vie dissipée, de passion, et énergie. Des voyages.
Puis la protestation contre la monarchie
bourgeoise. Le château reconstruit par besoin
d'activité, pour dépenser sa fortune. Et au
milieu des travaux, son coup de passion
pour Paule de Souvigny ; très riche, très
belle. La noce, ~~[illegible]~~ la vie dans le château.
Et la mort de Paule au bout de neuf
mois. Alors Jean ~~[illegible]~~ fait arrêter les
travaux. Le château à moitié reconstruit,
avec des échafauds qui pourrissent, des
matériaux laissés dans l'herbe. Bien
indiquer cet inachevé, la modernité du
bord. Lui, enfermé dans cette fortune

à moitié reconstruit, y vivant avec trois serviteurs, une cuisinière, un valet de chambre et un concierge pas marié. L'abbé Glorian servi à part. Les chevaux depuis vingt ans sont morts dans les écuries. Les voitures se pourrissent dans les remises. Un peu le château de la Belle au Bois dormant. Le temps recommençait son ravage dans cette ruine qu'on lui a disputé. Les parties réparées se ruinaient à leur tour. Le concierge seul entretient les pièces que Jean XII n'habite pas. Il a abandonné tout le reste. Et le marquis absolument enfermé dans son coin, ne sortant jamais, ne recevant personne d'abord par son serment de rester là dans son deuil, puis protestation politique contre la république et le second empire. — Donc le château, le jardin tout recommence à tomber en ruine. Une brèche non réparée du côté de la campagne. Le donjon est réinstallé complètement, mais pas habité. Les ~~les~~ appartements de la courtine sont seuls en bon état très vastes, très beaux, ainsi que la chapelle. La tour de Charlemagne était presque finie, ~~et elle~~ avec ses trois salles superposées; et elle a été abandonnée, avec des ouvertures ouvertes, sans boiseries ni vitres encore, avec des échafaudages non retirés. En vingt ans les échafaudages ont cédé, les cordes pourries, les planchers tombés, mais des ~~herbes~~ plantes, des vignes vierges ont poussé sur les boulins, et par les fenêtres ouvertes la pluie est entrée, les planchers cèdent de nouveau, tandis que des oiseaux entrent dans les salles. Je garderai le lierre immense pour le donjon.

Pierrefonds fut démantelé 1617. les tours à la mine, les charpentes brûlées, les bâtiments détruits, les courtines éventrées à la sape.

Dans les grandes salles avaient lieu les hommages, les investitures, les bals, les fêtes, les divertissements.

Des oubliettes

Les 9 preuses, titre donné, dans les romans de chevalerie, à neuf femmes guerrières de l'antiquité : Tammaris, Deifemme, Lampredo, Hippolyte, Semiramis, Pentesilée, Tanequa, Déisille et Ménélippe.

Blois. — Le corps de logis vers l'entrée est sous Louis XII. Briques et pierres. Chambranles des fenêtres, les balcons, les lucarnes, les hautes cheminées, ont de délicates sculptures. Statue équestre de Louis XII sous un dais très ouvragé. — A droite dans la cour, salle des États, XIIe. — Logis du nord, de François 1er, achevé en 1515. Tour d'escalier pentagone à jour, en avant-corps. Au dessus de la corniche, des lucarnes historiées et deux tuyaux de cheminées sculptés. La façade extérieure décorée de pilastres et de balcons circulaires à pendentifs de la plus riche ornementation, présente quatre élégantes tourelles à pans, formant saillie, et une galerie supérieure avec balustrade à hauteur d'appui. — A l'intérieur, les boiseries de la bibliothèque.

Courtine, mur établi entre deux bastions, deux tours, dont il unit les flancs.

Machicoulis. Une galerie saillante et continue, établie au sommet d'une tour ou d'un mur. Entre les corbeaux ou consoles qui soutenait cette construction, on ménageait des vides par lesquels on lançait des projectiles pour défendre le pied de la muraille. Les vides étaient des trous carrés ou de larges rainures. Les machicoulis en maçonnerie remplacèrent les hourds en ~~bois~~ charpente. Dans le nord, on ne les voit qu'à la fin du XIIIe — A la fin du XVI, on renonce aux machicoulis, à cause de l'artillerie.

Créneaux. Les ouvertures la partie vide dans un parapet. La partie pleine, la dent s'appelle merlon. — On combine le système avec les hourds. Les merlons s'allongent, les créneaux s'espacent et entre eux, ~~[illegible]~~ au milieu des merlons, de petites ouvertures, des archères, permettent le tir de l'arbalète à main. Au XIIIe

Les archères, en général rectangulaires, quelquefois en ogive ou en queue de poisson.

<u>Meneau</u>, - montant et traverse qui divisent les baies en plusieurs compartiments. Au XIe siècle emploi du verre. Les fenêtres grandissent, de là les meneaux. D'abord, en deux compartiments, chacun surmonté d'un tiers-point, et le tout couronné d'un oeil circulaire souvent orné de redans. Puis 3 comport. Puis, à diviser entre le meneau central et les pieds-droits.

La Ligue, née sous Henri III, vaincue sous Henri IV. Association contre la Réforme. Le sire de Hautecœur par catholicisme contre la Réforme, pour ~~faire monter~~ remplacer sur le trône les Valois par les Lorrains, — pour les Guise.

Château de Coucy

Dès le XIe siècle, commencement, une forteresse bâtie par un archevêque (Reims). Une chapelle romane dans la basse-cour. Reconstruit, les parties les plus anciennes sont du commencement du XIIIe. Enguerrand III le bâtit (6) sous la minorité de Saint-Louis, il faillit mettre la main sur la couronne de France. C'est alors qu'il bâtit le château, rapidement, de 1225 à 1230. Bâtiment vaste, énorme construction, conçu d'ensemble et élevé d'un jet. Surface 10000 mètres, un hectare. Cinquante mètres au dessus d'une vallée. Entre la ville et le château baille basse-cour fortifiée, 30 000 mètres, 3 hectares. Vers 1600, les bâtiments d'habitation et la grande salle furent reconstruits : jours plus larges à l'extérieur, les courtines reçurent des mâchicoulis avec parapets de pierre. Le château fut ravagé pendant les troubles de la Fronde sous Mazarin : siège le 10 mai 1652 devant la ville. On fit sauter la chemise, les voûtes du donjon et des tours, incendia les bâtiments. — Nombreux souterrains, un jusqu'à l'abbaye de Prémontré. — Au commencement du XVe s, on éleva les courtines d'un étage pour rendre les bâtiments plus habitables. Enguerrand habitait le donjon ; le duc d'Orléans, le trouva sombre et incommode, et bâtit les élégantes constructions ouvertes sur la campagne. Colossal, rude et sauvage : tout pour géant, à une échelle supérieure : les marches, allège des créneaux, banc. — Le chât. contenait 500 h. de guerre. Vivres pour une année pour 1000 h.

Documents divers

Le bureau de la communauté des brodeurs était situé rue Montorgueil, et les jetons employés dans les réunions représentaient d'un côté les armoiries du corps de métier, de l'autre, un jardin rempli de fleurs, avec ces mots en exergue.

Sans vous je ne puis vivre

Léon Blum

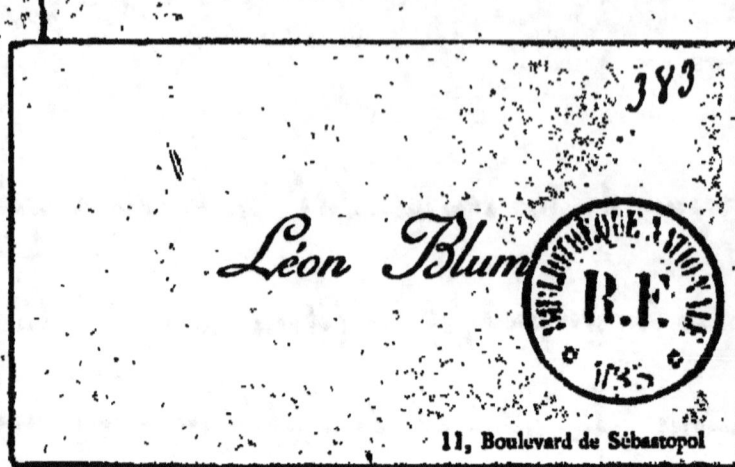

11, Boulevard de Sébastopol

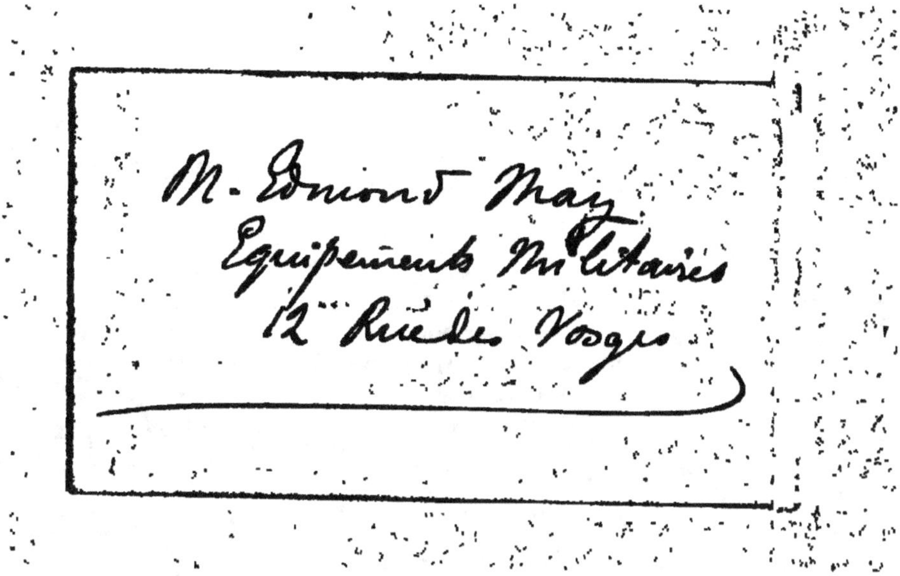
M. Edmond May
Equipements Militaires
12 Rue des Vosges

384

FABRIQUE DE DORURES

& PASSEMENTERIES OR & ARGENT

TRAITS LAMES FILÉS
unis & façonnés
CANNETILLES & PAILLETTES
GALONS GLANDS
Franges Soutaches

PASSEMENTERIES
pour Equipements militaires
& THÉÂTRES
OR ET ARGENT
fin, mi-fin & faux

R.F.

C. Dutel & Cie

Bureaux, 1, Rue Constantine.
Fabrique, 28, Rue St Augustin.

Maison à Paris
71, Rue Rambuteau,

Lyon

Mme Curgard 116. R. du Bac

Aubry 63 R. du Bac

[illegible] ciller

Frisure Ternet

Bouillon trillé

Trait 1 mm 10

Filé pour guiper

Or à ramer

Cuivre contre fabrique

Cordonnet

Filé frisé

et vieilli uni

Rose
Marguerite
Véronique
Sophie
Claire
Aline
Céline
Marie
Gilberte
Angélique
Angeline

Valentin
Vincent
Severin
Landry
Félicien
Julien
Dominique
Olivier
Clément
St Hubert
St Guillaume
St Antoine

Gabert	de Villemareuil
Grandsire	Les Sœurs
Jahan	de Valencay
Sarrus	de Gravecourt-Valurcay
Ramond	Étiennette Margas
Jordans	Noelle
Vêtu	Pierre Bourdieu
Bernus	Manchin
Bergas	Plaellignon de la Ferrassaye
Hermeline	
Méhain	
Maufras	
Vasquez	
Miramde	
Jahel	

Ville.

Lournes

Pierrefitte

Breuil

Marquis de Choiseul

Fouquières

Gerberoy

Sommerau

Villiterte

Vaudemont

de la Neuflise

Pierrefitte

de Chandieu

[illegible]

de Chandieu-Quincy

Les Bollandistes, jésuites d'Anvers, qui ont travaillé à la collection des actes et de la vie des saints.

Avant eux, les premiers recueils, celui de Rugger (vers 1156), celui de Vincent de Beauvais, dans le Speculum majus, enfin la Légende dorée de Jacques de Voragine. — L'idée de l'entreprise des Bollandistes est du P. Herbert Rosweyde. Mais c'est Jean Bolland ou Bollandus qui l'a commencée. Les documents sont classés par mois et par jours, et tous les documents manuscrits ont été consultés, cela s'étend sur 17 siècles. Une mine hagiographique. Le premier volume des Acta sanctorum parut en 1653. C'est là qu'est la véritable histoire du moyen âge, l'histoire des idées, des usages, des mœurs et des arts. Histoire générale de l'Église. Débrouiller les annales particulières des cités, des évêques et des monastères. Actes des apôtres ont obtenu les premiers temps

du christianisme, la vie des pontifes a chronologie les fastes du monde chrétien. Histoire générale, géographie, chronologie, diplomatie. —
En 1794 paraît le 53e volume de la collection. En 1845 paraît un volume renfermant les saints du 15 et du 16 oct. Sainte Thérèse 681 p. trop long.

Les Acta sanctorum, commencés en 1643 En 1794, interrompus par la révolution, ils formaient 53 volumes in-folio et n'atteignaient que le 14 oct. Deux volumes nouveaux furent publiés de 1845 à 1853. Ils dissertent naïvement sur les miracles qui doivent être admis ou rejetés. La mythologie du christianisme. Dans les Acta sanctorum 25000 légendes.

La légende dorée, par Jacques de Voragine (1474) cinquante fois imprimée dans les 15e et 16e siècle — Traduction française par M. G. Brunet en 1843.

Le froid est la pire maladie de l'âme (Tocqueville.) — Le charme. — La nuance. — La grandeur simple et la parfaite unité de composition. — Un voyant. — Le sens affectif. — Une sensibilité profonde, intelligente de toutes les délicatesses du cœur. — La foi. — La sincérité de l'artiste.

Memling Van Eyck.

Maison des Hubert

La Maison des Hubert

Il faudra fixer l'époque et l'architecture de la maison. En tout cas, en bas, il n'y a pas de boutique. Une porte, deux fenêtres. — Au rez-de-chaussée : cuisine, salle à manger, changée en salon, où l'on ne va jamais, les Hubert mangeant dans la cuisine sur le jardin. ~~Les~~ Aux fenêtres du salon, des broderies. — Au premier, la chambre des Hubert sur la rue, une autre pièce sur le jardin servant d'atelier de broderie ~~[illegible]~~. — Au second, un grenier sur la rue, la chambre d'Angélique sur le jardin, ~~De~~ charpentes, un treillage permettant d'y monter, avec danger.

Retourner partout la maison

Face sur rue. Par le bas. Soubassement en pierre taillé, jusqu'au bandeau. Au centre la fenêtre en forme ogivale. Les bâtis sont en bois charpente, repeint en brun foncé; porte-fenêtre. Les vitraux ont été remplacés par des carreaux (quelques-uns verdâtres). — A droite, petite porte à un vantail, ferrures noires, porte ~~d~~ brune. A côté descente de cave, fermée.

— Premier étage, en pans de ~~p~~ bois, ~~[illegible]~~ ~~des~~ ce sont des charpentes, le pan est en saillie, des poteaux droits en bois consolidés par des jambes de force. La sablière au niveau du plancher supérieur. Le grenier est au

briques apparentes. Les pans de bois 3
sont en saillie sur les briques (3 cm)
les bois sont chanfreinés, peint en brun rouge)
La fenêtre en trois baies - Les vitraux
remplacés par des vitres sous Louis
XIII (~~fin du XVI~~ commencement du XVIIe) On a
mis des chassis à petits bois. Autour
rien que des montants en bois chanfreinés
sans rien autre. La pièce d'appui
en bois. Le pignon, toujours en pans
de bois. La charpente (détail) faisant saillie
sur le pignon (1 mètre). Un fleuron en
bois, dégrossi - La charpente, qui est
la forme est soutenue par des

consoles en bois, dégrossies. Charpente

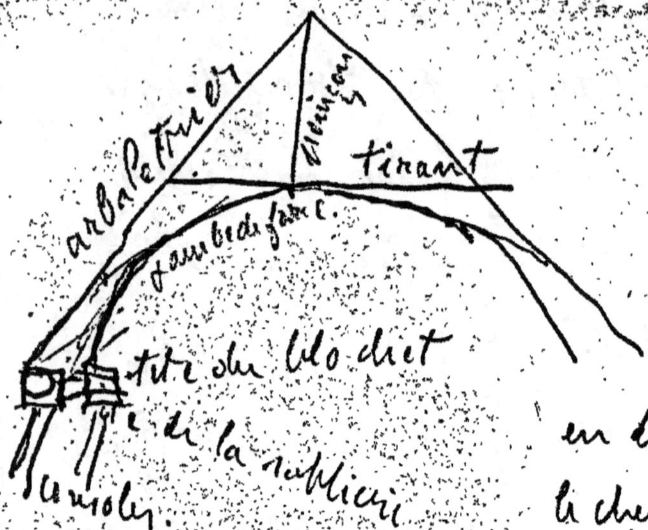

en dessous, on voit le chevronnage

La couverture est en ardoise, sous Louis XIV –

~~La~~ La tourelle d'escalier C, à droite, est en pierre, ronde et saillante (60 centimètres). Elle fait angle. Elle est ~~[illegible]~~ collée contre l'église

meaux. Fenêtre avec un meneau horizontal chanfreiné en pierre. Garder les vitraux, losanges et carrés. Au dessus, un acrotère, ~~avec des~~ percé de barbacanes donnant du jour, et ~~toute~~ surmonté une corniche couronnante, ou entablement en pierre. Le toit pointu, en ardoise, terminé par un épi en plomb et en fer, pointe en fer, décorations en plomb. Oiseaux

---

Façade du jardin.

Soubassement, en petit appareil, ~~petites de moellons~~ & petites pierres taillées, par petites assises régulières chevauchant, avec des chaînes en

pierre ~~??~~, plus grande assise. Une
pierre trois assises de la maison.
Quatre baies, coupées par des montants
en pierre, de tout chanfreinés. Une
porte à gauche surmontée d'un
auvent porté par des consoles. — Premier
étage, pans de bois, avec un remplissage en brique. Aux baies
Voir à garder des vitraux. —
~~Au~~ Dans le comble, deux baies avec
un meneau en bois au milieu
les baies ouvrent sur un balcon,
qui règne sur toute l'étendue de
la façade, supporté par les solives
du plancher faisant saillie, une

le balcon ; 60 cent 400 7

balustrade ~~en~~ soutenue par des poteaux carrés, chanfreinés. Le comble au dessus du balcon fait saillie d'un mètre et même disposition que sur la rue. En haut, dans la pointe de la ferme, un remplissage en volige, du devant au pignon. Des trous ~~en~~ pour ornementation. La souche (le coffre ?) en briques, surmontée en un mitron en terre cuite —

Pour y grimper, sur l'auvent, puis par la jambe de force sur la sablière et de là sur le balcon. Les consoles sont remplacées par des grandes jambes de force qui sont posées sur le bandeau des rez de chaussée —

~~Changé~~ Bâti en 1460 par X''

~~hypo~~ Au rez de chaussée, des ~~petits ba-~~ châssis
~~s en lien~~ à petits bois, ~~av~~. En 1660, X'' modifie
ment les châssis à petits bois, avec
vitres, au ~~dz~~ rez de chauss, Remplace
la porte, une porte à moulures
sans ferrures apparentes, avec grandes
clef. Il bouche la baie du milieu ~~en~~ en
maçonnerie. Au grenier, il dimi-
nue les fenêtres garées de la ~~...~~ brique.
~~Et~~ Il ne reste que la carcasse en
fer du poinçon. Bouché avec des
planches l'imposte de la fenêtre de
l'escalier — Ouvrir une fenêtre

~~soit~~ la vue dans l'ascenseur.

Sur le jardin, ~~De~~ sous Louis XIV
des chassis à petits bois. ~~Ch~~ Au pied
on bouche deux travées avec de la
maçonnerie. En haut, on a condamné
une fenêtre avec des volets fixes.
En bas on a ajouté des volets (sous
la révolution.) Sous la Révolution
X. a fait abattre l'ancien balcon
pourri. ~~Il a~~ Il n'~~en~~ a ~~point~~ rétabli
qu'un petit balcon, en fer. ~~De~~
~~Support~~ La charpente dessous est bonne,
et le balcon a été établi dessus
~~En~~ Parquet de bois. Une rampe

fixée dessus. ~~L'auvent remplacé~~ La couverture de l'auvent remplacée en zinc.
Abattre le pignon ouest. Il n'existe plus que des débris des voliges, remplacées déjà à la Révolution.

Rez de chaussée modernisé. Sous l'empire, solives plâtrées, plafond plat et blanc. ~~rosa~~ Corniche à moulures, à modillons, avec rosace centrale. Soubassement en bois, 60 c. peint en gris. Cheminée en marbre empire, papier à fleurs jaunes Acajou et utrecht. Porte de com

maçonnerie enduite, moulures et palmettes en carton pâte. — Ne pas laisser la petite fenêtre sur la cour. Mettre une allège en maçonnerie, et supprimer les deux côtés de la baie en ogive de façon à n'avoir des pieds droits surmontés par l'amorce de l'ogive assez large. Cavelier, carré rang 1.

Salle commune. Conserver l'aspect. Les solives ~~pa~~ conservées, mais peinte à la chaux ainsi que les murs. Grande cheminée en pierre, avec manteau en pierre

Installer dedans un fourneau
en fonte, avec le coquemard et son
robinet. Grande table grasse, aucun
Enfin une cuisine, dans laquelle
de vieux cuivres, bassines, bouilloires,
du grès et de l'étain. Conserver
la vieille porte sur le jardin
Dallage primitif, grandes dalles carrées longues
La chambre à coucher, la
modifier tout à fait. Louis
Phil. Mariage des Hubert —
Peinture blanche et grise, papier
à fleurs, etc. Parquet, à l'anglaise
en sapin.

Atelier. – Laisser la cheminée ~~[illegible]~~ à un poêle, dodu
quelque part avec un grand
tuyau qui va crever le manteau en pièces. La cheminée, les
montants, ~~[illegible]~~ droits, avec des [illegible]
formes arrondies finissant par
deux corbeaux qui supportent
la frise. ~~[illegible]~~ Peut-être un
Saint Clair très abîmé, avec
un bout de devise. La frise est
surmontée d'une corniche,
très abîmée. Le manteau ou
la ~~[illegible]~~ hotte, terminé par

407

un couronnement mouluré. — 14
Le plafond divisé en trois
travées par deux maîtresses
poutres, supportées par des
corbeaux en pierre. Des solives
viennent s'appuyer sur les
les poutres. Bois enfumé.
Du platre est tombé dans les
entrevous et laisse à voir le lattis.
Les portes sur la chambre et l'escalier modernes et déjà salies.
Badigeon à la colle jaunâtre.
Un soubassement à l'huile
brun, écaillé. Le parquet

~~et~~ I conserve des vestiges du plancher de l'époque, nombreux Raccommodages. Plancher.

~~Chambre~~

Chambre d'Angélique. —

La chambre conservée. L'aire en plâtre, l'entourons, et les solives apparentes. Les chevrons apparents. Ça fait mansarde à droite et à gauche. Droit sur le pignon et au fond. Le tout blanchi. Un poêle en faïence moderne avec tuyau droit — Carrelé rouge carré. La

porte conservée, avec le loquet et
peintures anciennes, recueillies,
Les vieux meubles de la maison
ont été [illegible] la durée [illegible]
Un vieux coffre, des chaises
en bois - Une table Louis XIII
Une grande armoire. Un
vieux lit Louis XIV. Rideaux
perse, pâlie par les lavages,
des roses et des bruyères, bien
fanées. Une seconde table en
sapin avec toile cirée.

<u>Escalier</u>, en pierre, les noyaux
en pierre. Des marches du

premier étage, des méridiennes en bois. Le petit vestibule en pierre, dégradé, badigeonné à la colle.

Le jardin, des buis, et des arbustes. On a essayé des légumes inutilement. Des arbustes qui poussaient à l'ombre. Des lierres sur les murs, et ailleurs.

FACE S/RUE
411
retourner la maison

FAÇE S JARDIN
412

perspective
414

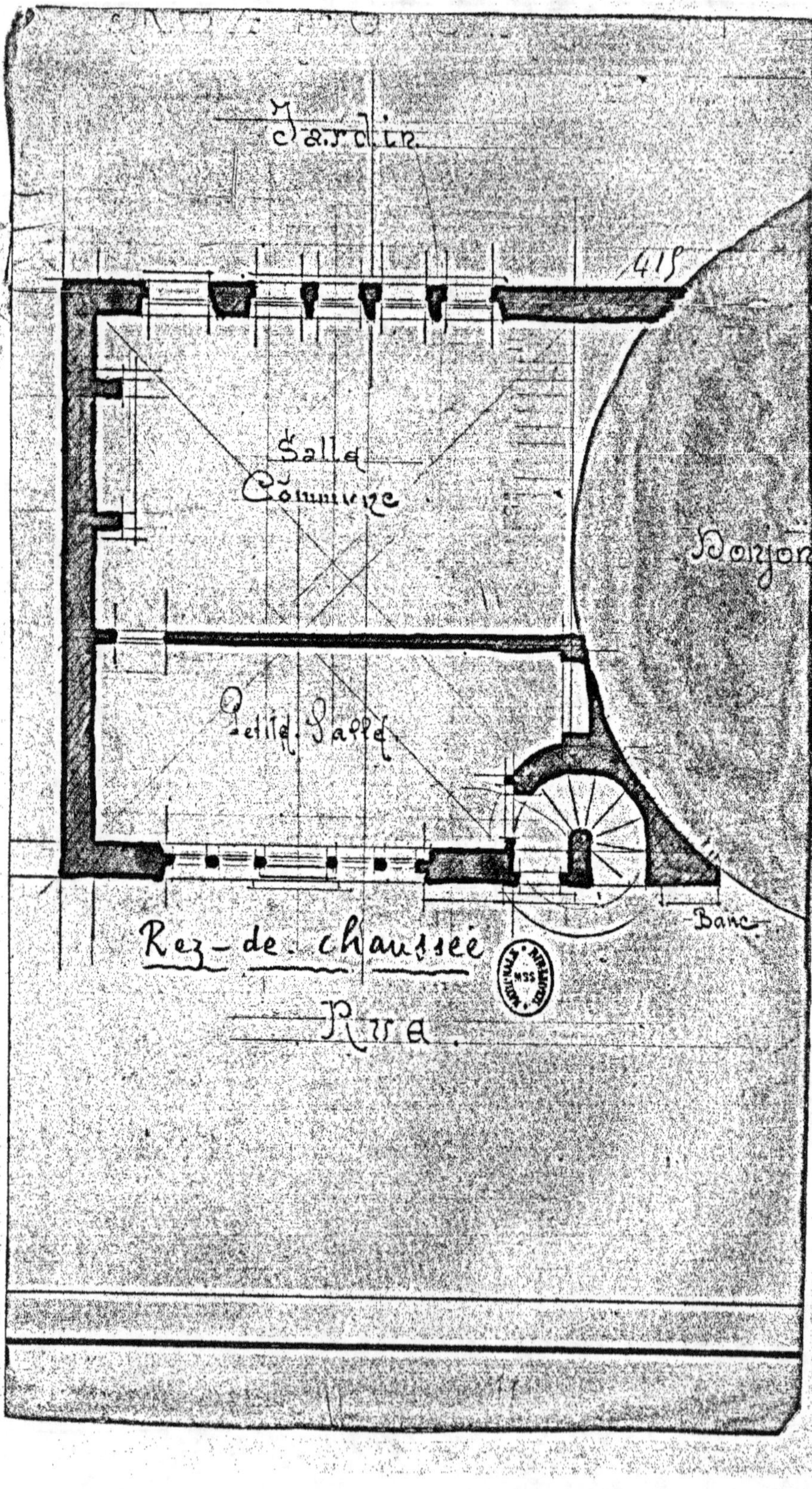

Jardin
415
Salle Commune
Donjon
Petite Salle
Banc
Rez-de-chaussée
Rue

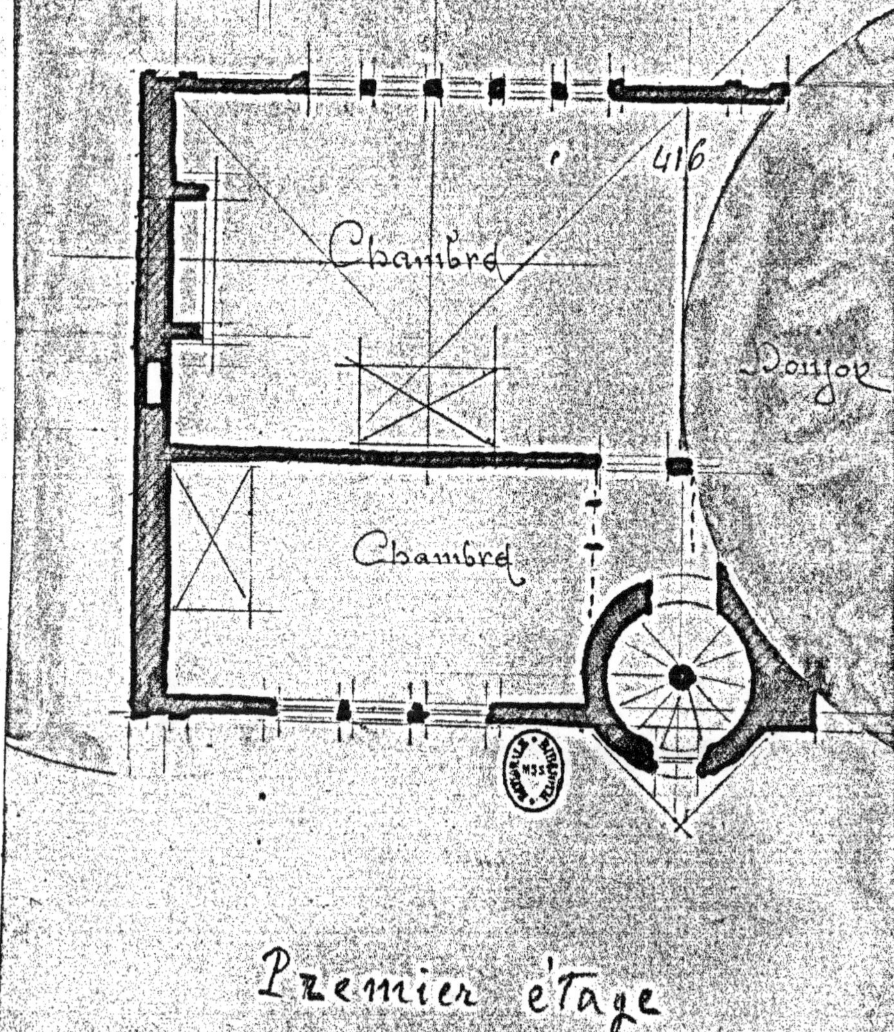

Premier étage

417

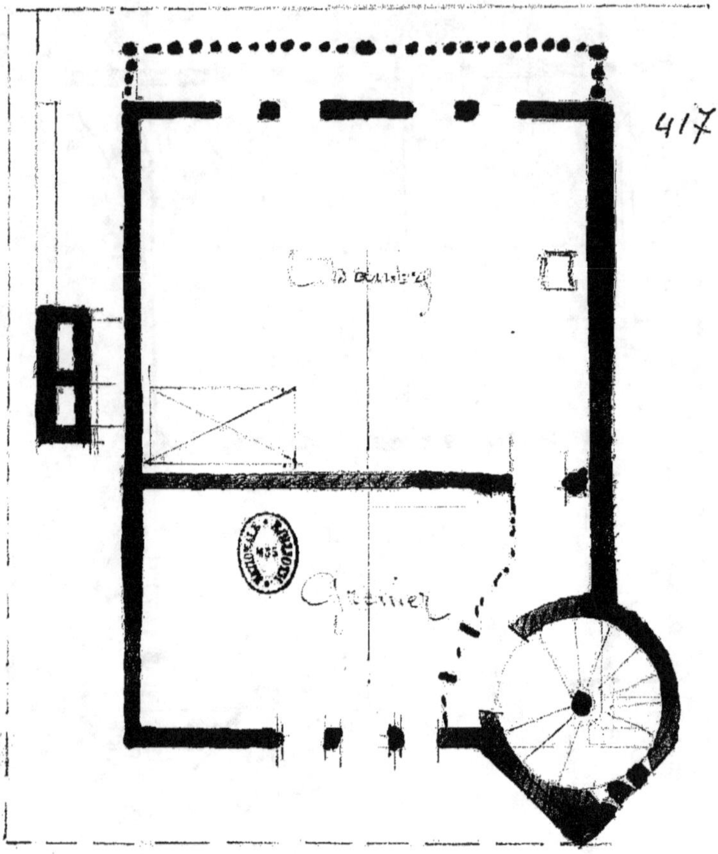

Combles

Échelle 0,01e p. M.

www.ingramcontent.com/pod-product-compliance
Lightning Source LLC
Chambersburg PA
CBHW071107230426
43666CB00009B/1858
* 9 7 8 2 0 1 2 5 2 1 1 5 5 *